U0111620

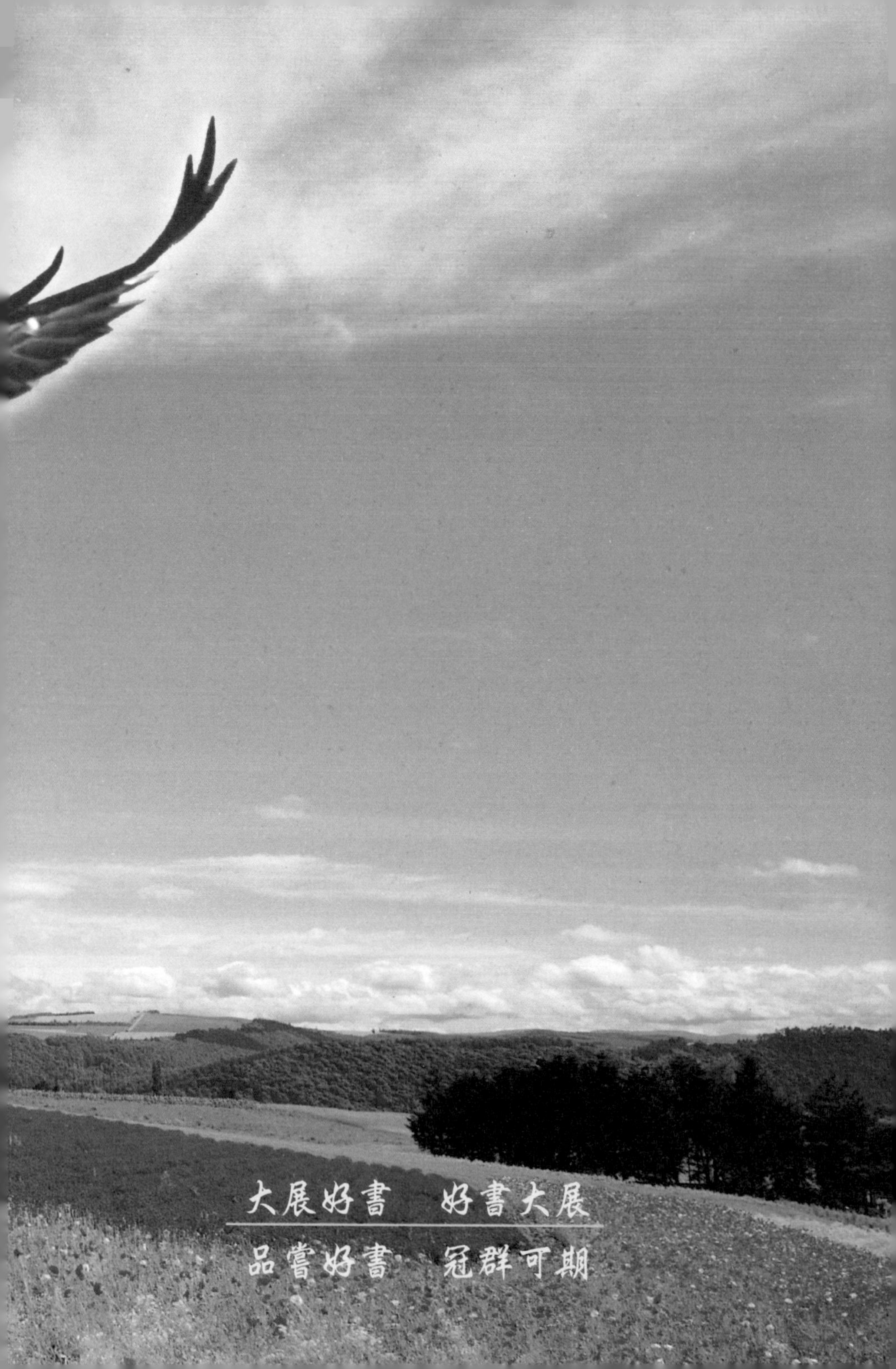
大展好書　好書大展
品嘗好書　冠群可期

大展好書　好書大展
品嘗好書　冠群可期

前言

年輕一代者對於室內擺設及傢俱選擇方面的關心，有提高之趨向。特別是單身女性，或膝下無兒女的夫婦等族群，似乎擁有更高的關心度。以年輕人為訴求對象的雜誌，因為傢俱室內擺設之專輯而使得銷售量大增。類似諸如此類的消息經常可聞。

生活之基本以「衣食住」為主。對於現今之年輕人而言，「衣食」已可感到滿意。剩下稍感不足的大概是「住」的問題吧。因而對於室內擺設抱以強烈的關心也可視為理所當然。

然而，聽過許多人（含年輕一輩）談論室內擺設等事時，往往令我心生恐懼。選擇物品或考慮房屋中物品擺設等事時，價格是最主要之問題，但是，幾乎所有的人只以外表或舒適程度或感覺而定。這是極端錯誤的做法。

室內擺設，更誇大來說，在我們所居住的空間中都有著你我視力所不能見到的運氣。若不針對此點來加以考慮擺設之問題，氣及運皆會自住家中逃脫。另外，室內擺設的影響力對於所住之人的心理皆有其影響。不好的擺設方式當然有其負面影響。極端時，可能成為心理上的原因，甚而招來疾病。

另外，在各式房屋中，皆有其左右運氣好壞該注意的事項。只要好好抓住要點，加以研究即可找出幸運之力。

充分了解室內擺設及配置學問後，更可提高幸福度。或可防止不幸等環繞居家之惡運。居家是左右你我幸運度最直接的環境。心中惱怒「怎麼可能……」，或生活無法順心或怨嘆「運勢太差」等，仔細究其原因皆是傢俱或室內擺設。相反地，如果走運，則是因擺設和八字相符合之故。

本書中，將我多年研究而得之「室內擺設創好運」，以易懂的方式介紹給大家。手中擁有此書的讀者，請即閱讀自己最關心的章節，如此一來即可檢查寢室、起居室、廚房等地的擺設是否會替自己帶來幸運。大多數的人應是發出「啊？怎麼？」之驚異聲。立即可得知運勢不好之因。熟讀此書可學到以擺設或傢俱來改善自己幸運度方面的知識。

因此，若您的興趣已引起，請繼續翻閱序的部份。將會令你大大改變原有的看法。我本人深信此書會成為你抓住更多幸福的開端。

小林祥晃

目　錄

序　章◇陰陽的平衡正是室內擺設開運術的關鍵

第一章 室内裝潢改變你的運勢

第二章　實現願望
因目的之不同有不同的格局方法

陰陽的平衡正是室內擺設開運術的關鍵

●房屋內所漂浮的陰陽之力

房屋之內裝（裝潢擺設）中有陰陽之平衡。所謂的陰是負面之力，陽是正面之力。為了使房屋帶來好運，內裝上求取陰陽平衡是必要的。

而且，每個房間中都存有運氣之所在，擺設之吉凶特別重要。

住家的運氣係以寢室為中心，二十年為一輪輪轉。比方說，郵購新式電化製品或傢俱時，傢俱配置的平衡即受到改變，房間的幸運度亦隨之改變，此點必須加以注意。

●依房間大小來招喚幸運

房間四方的尺寸和運氣也有相當關連。比方說，八帖或四、五帖正方形的房間陰力較強，因對精神作用較強，而較易轉向佛堂。

日本傳統房間的大小以一間、一·五間、二間等表示尺寸。現代算法，四·五帖是一·

五間×一·五間，六帖是二間×一·五間，八帖是二間×二間。以此尺寸區分陰陽之力的話，一間、一·五間、三間者是陽，而二間、四間則屬陰。

總之，六帖是一·五間（陽）×二間（陰）而成，可說是具有面積上的平衡。

但是，此種六帖房間一經裝潢擺設後，房屋中的陰陽平衡則隨之改變。

藍色系地毯加上灰色壁紙、藍色線條的窗簾、白色天花板、照明方面若依其喜好採暗色調，此房間即成了陰力較强的房子。

居住此類房屋，傢俱需採陽性，使其室內擺設陰陽能協調。

四方形朴樹材質的桌子若置於家中，會散發陽氣，若於桌上放置檯燈照明，明亮更會增加其陽氣。

桌旁的椅子，椅墊部份採紅色或鮮艷之色。桌子上放置一重點物——紅色桌巾較好。

根據家中所擺設之物的求取平衡，可令住入者舒適渡日。

有件事必須注意的是，建物的外觀和居住者的體型、相貌有很强的關連作用，亦即室內擺設會對人之心理產生作用。

如果置身陰陽不協調的屋子中，視其個人傾向何種室內擺設的喜好，其自身也許係精神方面擁有和擺設之陰陽力相反力量的人。

●室內擺設造成的心理影響

如先前所提，置身擺設陰力較强的屋中，圓形桌子，綠色系椅背籐椅，置放圓形檯燈，水果籃中放置香蕉和葡萄裝飾的舒適生活，若居住者是陽氣較强者，可說是因其本身之力和室內擺設之陰力互相平衡之故。

此種情形下，當居住者陽力旺盛時尚稱良好，但是假若在外因肉體或精神上受傷而歸來時，屋中的擺設則因居住者的衰弱而陰力愈旺。

另外，若是居住者是年輕又活潑好動者，居於陰氣較强的房中，則有可能變得較無鬥志、無生氣，成爲未老先衰之人。

不僅如此，處於室內擺設陰陽極端强烈之地的人，人際關係不協調，精神起伏性亦很大，此種情形下很容易因此而喪失自我。甚而很可能生病。

●表示陰陽之形與色

室內擺設的陰與陽，可分爲形與色兩大類。稍作舉例說明如下。

陽代表男性，以直線條設計而成。

• 紅色、黃色、紅紫色等暖色系的顏色。
• 明亮的房子、或者是可發亮光之物。
• 堅硬之物，尖銳之物。
陰代表女性、以流線線條設計而成。
• 綠色、赤綠色、灰色、青紫色等寒色系的顏色。
• 光線不明的房子、間接照明。
• 柔軟之物、凹陷之物。
白色或淺灰黃色、象牙色、茶色等，則依照明度定陰陽，明亮者稱爲陽，置於黑暗處則爲陰。

●對男性而言，招運的寢室

天花板之高度，與運氣大有關連。身高一七五公分以上者，居於床至天花板高度二·四公尺以下的房屋、另有燈泡照明之處的男性，最好立即換寢室或將天花板顏色改成淺灰黃色或白色系〈陰陽的中間色〉，並將天花板之照明改成直射狀較好。

如果是六帖以上的房間，照明應有三盞，儘量明亮才是。此三盞意味著發展、發育，甚而迅速成長，工作面和讀書上皆能有所成就。

體重七五公斤以上的男性，若居於六帖間的寢室，結婚和戀愛之成就，從室內擺設來看爲困難重重。已經結婚者絶非是和同公司同事或絶無年輕女性傾心於他。這是因房間大小和體重不相協調。

若是睡臥於床上者，儘可能將床弄低。窗簾採暖色系顏色，電視或音響皆移往其他房間。窄小的寢室中置放電化製品更會助長體質發胖。

●對女性而言，招運的寢室

那麼，女性的寢室又該如何呢？

單身者當然是一人獨寢，夫婦的情形，想當然是和丈夫睡臥同房，若是夫婦感情不好但居同室者，一定不會開運。

和自身八字相合的房間，陰陽協調的室內擺設是爲最好之選擇。

如此一來，希望都會成真。身心所渴望之事都如其所願。

首先，寢室南北座向之房間。南北之氣代表陰陽，熟睡中對魂魄有良好影響。

天花板高度二·四公尺以上，若能進一步將天花板上的照明器具置於自床開始二·四一公尺的高度，居住者的將來是玫瑰般色彩的生活。

附帶一提，居住於天花板較高的房中，照明亦設置於同高度的話，人際關係良好。若高度二‧五三公尺的話，戀愛運、旅行運會好轉。二‧六一公尺的話，則事業運會立即好轉，二‧七五公尺的話，財運及家族則會上升。二‧八公尺的話，全體家族被幸運籠罩。三公尺，則有取得天下之可能。

再者，床的高度不可大而化之，需一寸不差。此點非常重要。

照明方面，日常生活中，以不直接刺入眼睛最爲適合直射的照明，直射會奪去居住者的陰氣，而成爲不穩重輕薄之人。

●出生年判斷寢室方位

接下來，談談依據出生年來決定寢室、工作室、書房等等。以一天中所待時間最長之處爲家的中心，找出最好方位。

〈**男性**〉

一白之人　北

二黑之人　西南

三碧之人　東

四綠之人　東南　　五黃之人　西南　　六白之人　西北
七紅之人　西　　八白之人　東北　　九紫之人　南

〈**女性**〉

一白之人　西北　　二黑之人　東南　　三碧之人　東
四綠之人　西南　　五黃之人　北　　六白之人　南
七紅之人　東北　　八白之人　西　　九紫之人　西北

此種辨識方位之法，以房子整體，不管房子是租借或自買皆可應用。甚至，屋中所配置之傢俱的顏色，以不凌亂爲原則。注意牆壁及天花板顏色。房間若是暖色系之色，置放陰力較强之傢俱物品等，應以傢俱來調整。

傢俱的高度若是高低混雜，陰陽之氣亦會凌亂。整體的高度若是相差九十公分以上者，易導致凶力之象。矮傢俱上，儘量放置陽氣較强的檯燈或明亮的風景畫充作擺飾之用。

●出生年判斷招運顏色

使用室內擺設之中心色，有其增加幸運之色。這不管是男或女，皆以出生年的十二支

出生「九星簡明表」

一白水星	二黑土星	三碧木星	四綠木星	五黃土星	六白金星	七紅金星	八白土星	九紫火星
一九一八年生（民國七年）午	一九一七年生（民國六年）巳	一九一六年生（民國五年）辰	一九一五年生（民國四年）卯	一九一四年生（民國三年）寅	一九一三年生（民國二年）丑	一九一二年生（民國元年）子	一九一一年生（民前一年）亥	一九一〇年生（民前二年）戌
一九二七年生（民國十六年）卯	一九二六年生（民國十五年）寅	一九二五年生（民國十四年）丑	一九二四年生（民國十三年）子	一九二三年生（民國十二年）亥	一九二二年生（民國十一年）戌	一九二一年生（民國十年）酉	一九二〇年生（民國九年）申	一九一九年生（民國八年）未
一九三六年生（民國二五年）子	一九三五年生（民國二四年）亥	一九三四年生（民國二三年）戌	一九三三年生（民國二二年）酉	一九三二年生（民國二一年）申	一九三一年生（民國二〇年）未	一九三〇年生（民國十九年）午	一九二九年生（民國十八年）巳	一九二八年生（民國十七年）辰
一九四五年生（民國三四年）酉	一九四四年生（民國三三年）申	一九四三年生（民國三二年）未	一九四二年生（民國三一年）午	一九四一年生（民國三〇年）巳	一九四〇年生（民國二九年）辰	一九三九年生（民國二八年）卯	一九三八年生（民國二七年）寅	一九三七年生（民國二六年）丑
一九五四年生（民國四三年）午	一九五三年生（民國四二年）巳	一九五二年生（民國四一年）辰	一九五一年生（民國四〇年）卯	一九五〇年生（民國三九年）寅	一九四九年生（民國三八年）丑	一九四八年生（民國三七年）子	一九四七年生（民國三六年）亥	一九四六年生（民國三五年）戌
一九六三年生（民國五二年）卯	一九六二年生（民國五一年）寅	一九六一年生（民國五〇年）丑	一九六〇年生（民國四九年）子	一九五九年生（民國四八年）亥	一九五八年生（民國四七年）戌	一九五七年生（民國四六年）酉	一九五六年生（民國四五年）申	一九五五年生（民國四四年）未
一九七二年生（民國六一年）子	一九七一年生（民國六〇年）亥	一九七〇年生（民國五九年）戌	一九六九年生（民國五八年）酉	一九六八年生（民國五七年）申	一九六七年生（民國五六年）未	一九六六年生（民國五五年）午	一九六五年生（民國五四年）巳	一九六四年生（民國五三年）辰
一九八一年生（民國七〇年）酉	一九八〇年生（民國六九年）申	一九七九年生（民國六八年）未	一九七八年生（民國六七年）午	一九七七年生（民國六六年）巳	一九七六年生（民國六五年）辰	一九七五年生（民國六四年）卯	一九七四年生（民國六三年）寅	一九七三年生（民國六二年）丑

註：本命星的一年是自立春起隔年節分止。比方說一九六七年二月一日生的人，是立春前所生，因此必須以一九六六年爲推算基準。

決定。

當然，不考慮房屋整體陰陽平衡之事，只一味地注意幸運色，這是太過魯莽行事。但若能善加利用在室内擺設上，則能爲自己帶來幸運。

子年生者　白、紅、綠、灰、黑
丑、寅年生者　黃、白、紅、米黃、格紋
卯年生者　白、紅、紫、藍
辰、巳年生者　白、綠、紅、橘、淺灰黃
午年生者　白、綠、紅、淺灰黃
未、申年生者　白、綠、黃、灰、黑
酉年生者　白、紅、黃、粉紅
戌、亥年生者　黃、白、紅、淺灰黃、條紋

再者，使用佔地面積大之黑色傢俱會使幸運度降低，但是若是面積二十帖以上的大屋子，室内擺設則可取得良好的平衡。亦可選用電視及音響搭配。

●房屋裝飾的擺法

【熱帶魚】

現今很流行於屋內飼養熱帶魚，方位以自房屋中心點來看，東、東南、西北爲最好之方向。若置於上述所提方向以外的場所，房屋陰陽的平衡會因水槽之水或熱帶魚本身之力而搞亂。

若居住者本身是陽力較强者，有可能熱帶魚猝死、或是外遇事件暴露、愛人移情別戀、倒帳、變胖等等不如意之事。也有可能罹患失眠症。

【寶石、石器】

寶石本身或含石頭成份之物或以石頭製成之裝飾物等皆相同，對於陰陽平衡上有强大破壞作用。人世間，雖有人拘泥於誕生石等事，這未必不是沒有根據。將這些東西放置於屋中的西或西北、北、東北等位之人，自此之後會立即被幸運籠罩。若放置於上述方位以外，最好立即移位。財運應會好轉。

【觀葉植物】

房屋中若置有綠色植物，心情會較緩和，但若置放與房屋大小不相協調之物，則反而會令陰陽的力量惡化。

若將植物置於凶作用較强的方位上，能夠減弱其凶力作用。植物本身有很强的靈氣。因此，注重平衡是很重要的。

首先，以大小來選定綠色植物的訣竅。六帖以下的房屋，不可放置一公尺以上高度之物。頂多是於擺設陰氣較强的屋內放置一或三盆約三十公分左右的植物或花，陽氣較强者，則擺置二或四盆。

天花板高度二·四公尺以下的房屋，儘可能避免一·八公尺以上的觀葉植物。不僅成爲視線障礙，更有可能取居住者而代之成爲房子的中心而產生力量作用。居於此種房屋中，不可能有良好的人際關係、和戀人分開等等。

若欲置放一·八公尺以上的植物，只限於寬度十帖以上，天花板高度二·四公尺以上的房屋。此外，任意安置，房屋之氣可能會被植物所吸收，而導致不幸。

以下稍微介紹植物之陰陽。

陽＝竹、楓、椰樹、洋槐、櫻、櫻桃樹、柿樹、菊花等

陰＝香蕉、葡萄、無花果、木瓜、梨樹等

右列的植物，不論擺放何處，皆不改變原本之陰陽作用。不論是切花或水果，即使放

置桌上，仍有其作用。

另外，應用於光影產生能源改變之物，有橡膠、青年樹、木棉、咖啡、榕樹、仙人掌、大馬士革、新娘花束、仙客來、聖保羅堇、蘭姆波多士、盆栽的松樹等。

書上所列以外的植物，能源之產生則依承受之力而定，擺於太陽光線較強的窗邊、明亮的位置，則產生陽力，擺於陽光照射不到較陰暗之處，則產生陰力。

【圖畫】

圖畫可大致分爲20號左右之大小者爲陽，其下爲陰。更可以所畫之題材來分類：

陽＝春夏風景畫、藍空或太陽、山或草原、男性、汽車或火車等快速交通工具。衆多的人物畫、海、直線筆法的畫、色彩明亮之畫。

陰＝河川或瀑布、秋冬景緻之畫、黑暗或暗雲、女性、描寫傢俱或室內之畫、宗教畫、教堂、暗色系之畫。

石版畫或掛軸、書中之內容或語彙，視其所承受之概念來分類陰陽。一般而言，墨會散發陰氣、繪畫用具或彩色油畫則散發陽氣。

●房屋具有生命力

所謂房屋，可視爲形形色色的生命體。佔全體面積比率不大的衛浴間，其間之擺設對居住者的幸運度也有很大的差別作用。

而且，一個具有生命力的房屋中，有其心臟部位。找出此心臟部位是很重要的。房屋不同的使用法有不同的運氣差別。

寢室是供人休憩用之地。小孩房間是小孩使用處。衛浴間、洗臉台、玄關等地則是一家之家長，廚房是主婦。單身者，一個房子氣的中心地，則依人而定。

●左右運氣的集中點

特別重要的是，門的位置。自房屋中心點來看透氣集中何處。氣之中心不分男女，依其出生時辰決定。

出生時辰	以房屋的中心之方位
PM11～AM1	北
AM1～AM3	北北東
AM3～AM5	東北東

AM5~AM7	東
AM7~AM9	東南東
AM9~AM11	南南東
AM11~PM1	南
PM1~PM3	南南西
PM3~PM5	西南西
PM5~PM7	西
PM7~PM9	西北西
PM9~PM11	北北西

上述之方位有其出入口。

自中心點處看，東北或西南方位有出入之門的房屋，惡氣容易進入，因此於門旁安置明亮的照明是爲必需。依强光而驅除邪氣。

寢室，則依床的方位定幸福之源。若無法作到，至少應將頭部朝向方位而眠。適於東、南、西、北等方位之人，爲了避免力量過强，應稍微偏離1度~5度而眠。

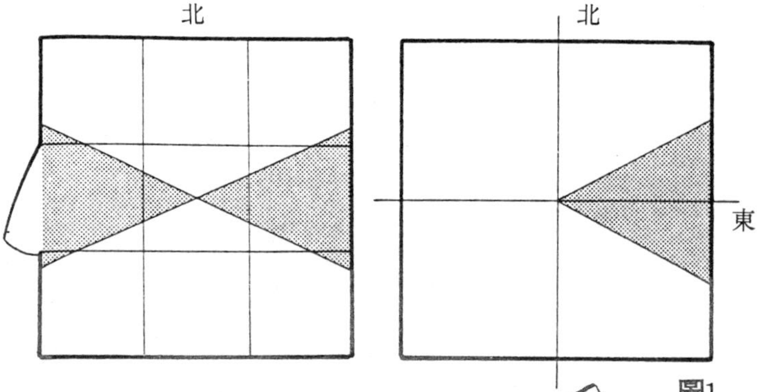

圖1

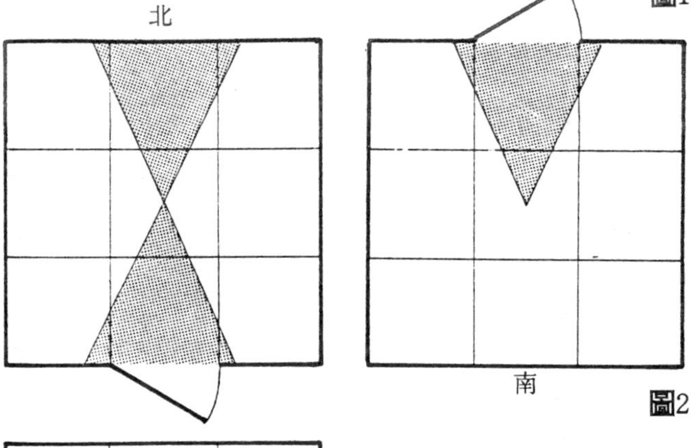

圖2

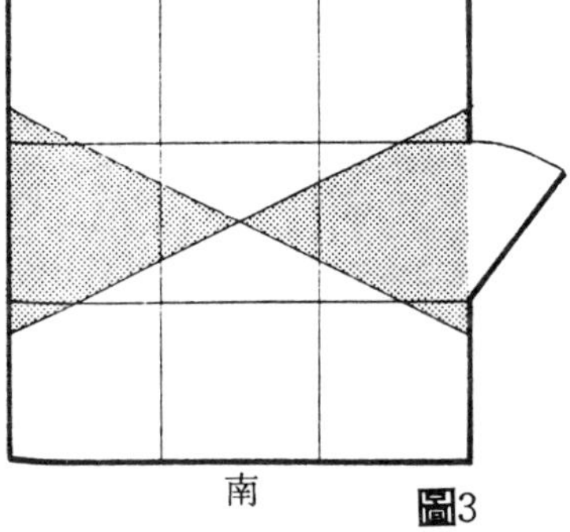

圖3

另外，東北或西南等向有出入口的房屋，而且是生於午前三點前後三十分鐘的人，東北向較宜，另外，午後三點左右出生之人，西南向的門會招好運。

依出生時刻推算房屋氣之集中地，祈求願望實現亦有其訣竅。此訣竅即爲擺置託夢的植物。

財產‖蜜柑、枇杷樹、芍藥

長壽‖松、梨、竹

年輕‖竹、水仙

人際關係、交際運‖桃子、蘭、茉莉

美麗‖玫瑰、李子、杉、山茶

安定的工作‖洋槐

安產、寶貝孩子‖石榴

出生於午前六時者，如圖1般，東方位處放置蘭花，交際運會好轉。

房屋的房門入口，位其幸運之處者，此房屋即是居住者的寶地。儘可能將房門打開。

若是窗户位於好位者，好天氣之時，將窗户打開，讓空氣充份交流。鏡子般會發出亮光之物，更應放置在幸運之處，否則會妨礙居住者之幸運程度。

●共有空間的幸運要點

個人不能自由地更換室內擺設，客廳、玄關、衛浴間等公共場所中，該如何找出氣之集中處，幸運之點呢？

這必須依門的位置及房屋的走向而定。如圖2，門在北側，將房屋分爲九個單位，北側的九分之一的位置標示著幸運之處。

出入口較近，使得傢俱難以置放時，爲取陰陽平衡，可置放小東西，或將照明集中此地，這房子中的成員，即可感受運已開展。

將衛浴間打掃乾淨，放置彩色拖鞋等亦可。另外其他方位請參照圖3。

根據建物的方向，無法將門正確地置於東西南北等處時，則取最近之處。有兩個門以上之情形，則以常用者作爲客廳或接待室的主門。

如此推算出來的幸運點上，作爲房屋的重點擺設傢俱。接待室則擺整套接待用具，餐廳置放餐桌；家中主人或年長者則座於此幸運點上。

順帶一提，此幸運點西元二〇〇一年尚未改變。

●選擇招運的室内擺設

無論多好的室内擺設，皆以二十年爲一週期，另外，構成室内擺設的裝潢及傢俱，於生活期間，多少會有所改變。

總之，陰陽平衡之決定，和自身八字相符合的室内擺設過二十年，皆非簡單之事。

而且，地球之自轉公轉，宇宙的運行，陰陽之平衡當然時時有不同的變化。

但是，認識正確的陰陽之力，並依此而構成室内擺設，幸運之神必來造訪。讀完本書時，希望您自身能將傢俱之擺設更改，將和八字相違背之傢俱，如大垃圾般丢棄。

第一章

室內裝潢
改變你的運勢

序章中所提，可說是我長年研究「室內方位學」之簡單基本說明。

本書中將之細分為寢室、客廳、廚房、化妝室、浴室、玄關、書房等七部份。針對其最好的室內擺設法加以說明。

寢　室

所有的人皆在睡眠狀態中改變其運。再者，一天中的三分之一，更可說是人生的三分之一皆在寢室中渡過。套句俗話說，寢室是改變運勢之最大根源。

(1)床

［寢室設於一樓時］

儘可能將睡臥部份架高。其理由是，大地之能源在離地表九十公分處最強。

另外，使用床下附有抽屜之床組較好。這不僅可以充份利用空間，抽屜中之衣物，於人類睡眠之中可吸收來自大地之氣，而成為帶有福氣衣物。

以上是寢室置於一樓時需注意之事項。若寢室置於一樓以上者，矮式床組亦無妨。

［形狀］

靠背若呈直線者，表示你的人生亦爲單調。若年輕人使用此類床，一生則如現狀般渡過。靠背曲線寬大者，中年時，可達人生頂峰。或是由數種曲線構成的床組靠背者，每十年有一大變動。

床組形狀方面，儘可能選擇設計大方精巧者。

棄國產品不用而就外國製產品的話，之後十年的財運將減退。若是選用美製品（只限床組），在方位學上的說法是指運氣會立即轉惡吧。此外，選用其他國家的床組者，男女間的關係會滯澀不圓滿。但是若寢室置於二樓者，此種現象則稍好些。

床，即使是一個人睡也不能買小床。至少也得買中號床較好。特別是已踏入社會工作者，自單身時，即養成睡大床的習慣吧。

四邊有角的床，或是鋼管製的床，睡臥者的運氣是不可能大幅上昇的。另外，二段式床組分成兩個房間使用，此兩房主人的關係必不友好。

［床罩］

床罩顏色和窗簾顏色最好能互相協調，如果床罩是花紋色彩，窗簾則採素色較好。花色系的床罩配上素色窗簾及素色床罩配上花色窗簾，此種組合對事業運有極大影響。花色爲陽，素色爲陰之故。

若把事業當人生之目標者，則以素色床罩配上花色窗簾較好。而且，有三種以上的組合。至少可以季節來區分使用。若從事個人才能之工作者，則採相反配法較好。上班族者，若爲營業員以明亮顏色的床罩較好。

［床單］

雖然最近流行黑色或灰色等單調顏色。床單仍限於白色或淺灰黃色。成人使用黑色物，則難逃人際關係的壓力，也無法過平安的日子。

蓋著毛毯以外之物睡覺的話，財運應會下降。羊毛床單，會增加使用者爲了繼承及小孩的問題苦惱。夏天，蓋草蓆者易陷於孤獨。

［就寢方位］

頭究竟該朝向何方睡眠，是非常重要的，依其方位決定運氣。

就寢時間亦相當重要。應養成十一點前就寢的習慣。甚至寢室或床之擺設和居住者八字相符合的話，睡覺，有可能成爲出人頭地及成功的大源頭。

另外，所謂「北枕」，雖然將頭朝北睡眠令人討厭，原本頭冷腳熱即爲正常，房間中的溫度定是北側低南側高，朝北而眠應是不錯才是。和佛教的想法並無互相抵觸之處。北枕睡眠能夠熟睡，人際關係能夠順暢。北枕確是有其好處。守得住秘密，二人能渡過美好的夜生活。另外，能守得住財源。此點對於資金不足者最受用。

將頭朝東而眠，能夠早起。營業員或年輕人或對於想自立的人皆爲理想方位。凡事提不起勁的人或必須早起工作的人，最適合東枕。

將頭朝西而眠，雖有點討厭熟睡，然而對於金融業者或飲食業者，或年老者卻是極爲理想方位。是爲安眠之最好方位。但是枕邊若放置水瓶，則有成爲夜貓子的可能。

將頭朝南而眠，對於需靈感之人最爲適合。不能熟睡使得心緒容易焦躁不安雖爲其缺點，然而對於從事電腦相關業、音樂創作、電視、出版或藝人等業者，卻是極佳方位。

俗話說，一般夫婦與其共枕而眠不如分床而睡，對其事業較好，可能是指分床可熟睡吧。

然而，若是因場地窄小，容不下二張床時，勉强地塞下二張床，反而會降低運勢。另外使用小號雙人床者，亦應該避免相同情形發生。總之，將床置放於空間窄小處即爲大凶。

另外，和式房屋中，鋪上地毯後放置床亦爲大凶，會令健康及事業運日漸衰弱。

(2) 蓋被

睡臥床上以外之人，不能鋪床墊睡眠。鋪床墊睡眠者永無出頭天。

床墊，會扼殺人類於睡眠中自大地吸收而來的能量，而且令蓋被的吸濕性亦無用武之地。

不僅扼殺了好運，亦妨礙自身的健康。

［大小尺寸］

和床的情形相反，不能使用雙人蓋被睡眠。使用雙人蓋被，無法令事業開展。不管多小的空間，二人共眠亦應該使用二條蓋被。

再者，寢室位於一樓時，必需將二層下鋪蓋被重疊使用，儘可能居高來睡眠。二樓以上者，則一層下鋪蓋亦可。

［價格］

使用便宜蓋被者，出頭無望。蓋被最好使用高價位物品。蓋被若能使用絲織品，戀愛運必會好轉。若苦惱於無法結婚者，使用純絲織品定可爲自己招來好運。

［睡臥方位］

睡法和床的法則相同，蓋被「朝北枕」最有效。

另外，希望結婚或戀愛的人，朝東枕最好。

(3) 枕頭

［大小］

枕頭，應使用大枕頭。

使用小枕頭而眠者，與上司之人際關係不良。與其使用傳統的稻殼枕，不如使用大枕頭來睡眠。

［睡法］

對自己而言，所有值得回憶的場所、地點、東西皆可放入枕頭中。比方說，和情人共遊的照片、二人共買的禮物、旅遊時拾獲的小石頭、有紀念性的ＣＤ封套、情書等等，悄悄地將它放入枕頭中吧。

「想圓之夢由枕頭來幫助實現」。

枕頭中放入寫好的夢想及希望，亦爲招運的一個方法。

［枕頭套］

希望出人頭地者，與其選用單調黑色系，不如選用白色系較爲適合。使用有刺繡之枕頭套者，女性會居高位，此點必須注意。

此外，戀愛運需求者應用花色系枕頭套，財運需求者則需使用黃色或綠色系的枕頭較好。

無論如何，希望短期內能行大運者，每天須將蓋被、枕頭於上午搬至室外照太陽。若無法每天搬出室外讓陽光照射，則需使用每天洗淨替換的枕頭套。被單的情形亦相同，能令你得到意想不到的好運。

以毛巾覆蓋代替枕頭套使用之人，難以得到上司或前輩的協助。

(4)窗簾

寢室中，窗簾爲單層布者，此屋居住人的運氣應會明顯地往下降。出人頭地更是無望。另外，使用褶數少的窗簾者，情形亦相同。大窗應使用二層製的窗簾，小窗亦同樣地應使用有內裡之窗簾。

單以一層裡襯蕾絲當作窗簾者，會趕不上時代，而被時代遺忘。而且在事業及人際關係方面皆備感吃力。運氣方面也無轉好之可能。而單單用一層布當作窗簾者，對自己之所爲毫無自信，力不從心而變得卑屈、乖僻之性格。居於此種寢室的人，應該沒有大夢或理想實現的一天。

總之，窗簾一定要使用裡襯加布二層製成之物。

訂製品較成品販賣更能招運。使用便宜者，運勢會日益轉壞。

［花邊窗簾］

窗簾材質全爲花邊蕾絲者，使用者易成爲以有色眼光看待外來情報之人。

若想得到坦率情報而獲致幸福者，應避免使用大花邊蕾絲窗簾。

使用淡綠色系蕾絲花邊窗簾的人，思想較易淫亂。應儘可能使用淺灰黃色、米白色的色澤。

［布的窗簾］

棉絨或燈芯絨等厚質感的材質及一般家庭經常可見之薄質，這兩者皆可，最重要之差別在於花樣色紋。

斜紋的窗簾有害健康。

由室內往外看，窗簾高度爲右高左低之斜紋窗簾者，居住者易患腰部以下的酸痛症。

相反地，左高右低時，則易患有肩膀酸痛或頭痛等毛病。另外要注意睡眠不足。

橫紋，而且是大橫紋者，容易心焦不安，或是情緒起伏不定。

縱紋，事業不順阻擾多，對事耐心不足易心焦。縱紋對考生卻非常適合。理由是縱紋彷如學校中的科目區分，能令考生的緊張情緒調和而努力用功（小孩房間中，很適合使用縱紋窗簾）。

有強烈結婚念頭的女性，最好使用花紋的窗簾。但是必需配上素色床罩。若單純地只考慮戀愛或結婚者，可同時使用花色窗簾及同色系床罩，如此一來，更能增加其運氣。

使用花紋以外的可愛圖樣窗簾者，很可能成爲滿懷希望與夢想，卻無法實現之人。往往成爲空想，此點必須加以注意。

使用幾何學模樣窗簾者，稍帶變態氣息，不相信自己。此種情形，儘可能在室內擺設方面加入其他陰氣較强物品，以求取平衡。

使用不帶花、樸素之窗簾者。

白色、象牙白色、米色等平淡色窗簾，使用者的人生沒有任何的高低之分。若懷有大志大願者，應改用色系較濃窗簾。

如果窗户是位於南側，則使用綠色系窗簾。若位於西側則使用稍濃的茶色系窗簾。若位於北側，則使用灰色系窗簾。若位於東側，則以藍色系窗簾較好。使用上述的顏色，可以讓使用者之社會地位、事業運、人際關係更上一層。

黑色或濃灰色等單調色系窗簾的使用者，滿足現狀，此後之人生亦無大變動。使用明亮色系之原色者，是爲強烈希望發展自我。

窗簾，特別是寢室中的窗簾，和床並列皆是對開運有十足影響。夏季中仍使用冬天用品之無季節感的人或褪色窗簾者，皆爲不會享受人生之人。

窗簾，最好是二～三年更新一次。

另外，每年換洗，創造一個嶄新的寢室空間。

(5)照明、檯燈

照明可分爲一般附在天花板上的（以下簡稱C・L）及懸吊式（以下簡稱C・P）。另外，亦有埋設天花板内的下吊燈、鉗於牆壁的壁燈、檯燈等預備照明燈。寢室中，照明是營造氣氛不可或缺之物。明亮度的變化和居住者亦有大關連。

若是爲了節約能源，單單架設一盞照明燈於天花板上的人，此後亦不太可能享受人生之樂趣。最好立即更換爲較有情趣氣氛之照明燈。C・L改爲C・P，C・P者改爲C・L。

寢室照明方面，有許多家庭皆使用間接照明。氣氛雖好，但欠缺生氣。寢室中使用間接照明者，很容易流於氣氛而成爲一事無成之人。若是非使用間接照明不可，必須留一處裝設能發強光的投射燈或讀書燈或倒掛燈。

將倒掛燈配置在天花板的正中央，會令居住者感覺全世間的人都睜開眼看著他，而無法好好地在寢室休息。

四角的倒掛燈，象徵虛榮，空有華麗外觀而無實質內涵之意。應添加讀書燈或和紙製品，以立燈來增添新氣。

出入口上的倒掛燈，若只裝設單個，容易令人乖僻，交際觀偏頗不正。若有意打開交際範圍，應架設大型照明燈於天花板上。

做好燈光控制，則一切平安。孩子氣太重的檯燈，會令和樂的家庭生活無法久長。

照明器具之光源，有日光燈及白熱燈。以同樣的電力來計算，日光燈之光源相當於白熱燈的三倍，因而廣被使用。

然而，問題點就在這裡。隨時都點著燈，造成無法入眠，精神不濟地望著電視，無法休息。結果是，因爲考慮省錢問題而使用日光燈者，難有出頭之日。

寢室的照明，可用於許多事情上，因此，爲了達到這些目的，照明設備及費用上，不該吝於付出。

以檯燈爲例來說，床頭邊的燈以白熱燈最適合讀書用。最好使用具有燈光調節功能的檯燈。

檯燈的擺設位置也很重要。近窗位置擺放一對大型落地燈，居住者之人生會變得有粉紅色彩。只是，開燈時，必須二邊同時開啓。如果是南邊窗户的兩側，表示可因友人或朋友之幫忙而成功。西邊窗户之兩側，表沒有金錢困擾，是傑出的上班族。北邊窗户之兩側，事業有可能因努力而擴展。東邊窗户之兩側，新企畫有成功可能。

寢室照明單靠大型落地燈，或床邊有檯燈者，有害健康、生活亦困苦。

使用圓型檯燈者，因外來資訊過多，導致無法清楚地判斷自我的事物。寢室中使用三個以上的檯燈，或者，不同時點燈，光線就很昏暗的寢室，居於此中的夫婦，關係必然日漸惡化。

使用的檯燈樣式以不落伍爲原則。使用傳統舊式附有四角外殼覆蓋的燈罩者，會有趕不上時代腳步之感。

檯燈及托座整套使用之人，亦同樣地表示趕不上潮流，應該自己主張分開獨立。

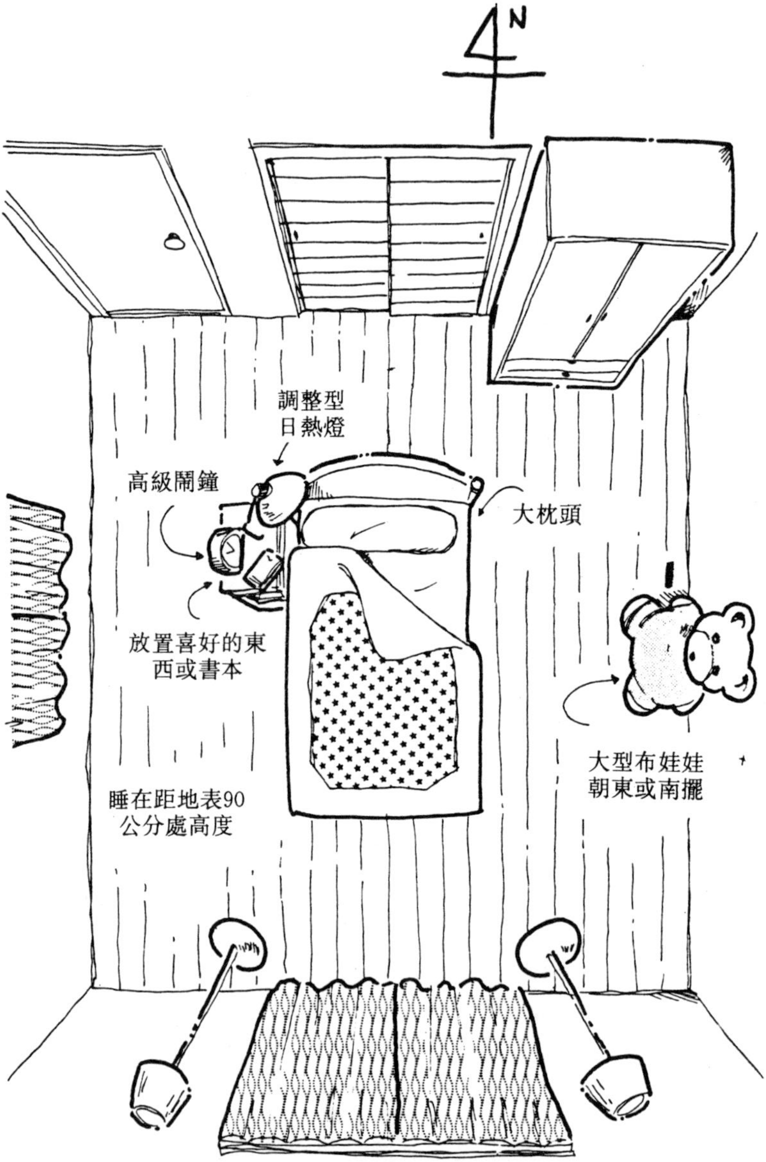
N
調整型
日熱燈
高級鬧鐘
大枕頭
放置喜好的東
西或書本
大型布娃娃
朝東或南擺
睡在距地表90
公分處高度

但是，生活中不能只使用檯燈。如果目前生活沒有壓力緊張之感，凡事提不起勁，過著無味生活者，應立即到東方位的百貨公司買新式樣的落地燈來用。一個即可，最好立刻動手進行。

檯燈，最好是能成爲室內擺設之中心的大物體。陶瓷器者最好。這對不走運之人或是提不起勁的人最爲合用。

苦惱没有戀愛運的人，不能放置檯燈於寢室中。立刻動手清理掉，改以天花板或壁式照明。

生活於寢室光線不足的年輕人，應改使用照明度較高的電燈泡。

(6) 鬧鐘

鬧鐘是寢室中不可或缺之物。但是若認爲鬧鐘是室內擺設之一或異質物品，皆是大大地想錯了。

寢室牆壁上掛有大時鐘，與其説是善於把握機運者，不如説是努力向上之人。時鐘之方位必須朝東才適宜，其他方位皆不合宜。

另外，認爲「爲何寢室這種地方，擺放大時鐘！」而改擺放鬧鐘的人，是爲不滿現今工作狀況之人。大多數人應都是思考著今後該如何等問題。若以紅色爲要點，則適合有效地利用語學生活。綠色或藍色系爲要點者，可能一事無成過一生。白色爲底的可愛數字鐘者，需求助上司或前輩幫助。

使用非常可愛鬧鐘者，孩提時代極好，隨著年齡增長機運漸落之人。使用之物若爲舊貨則情形更爲嚴重。應更換較高級鬧鐘。最好使用木質粗糙物品較好。

使用整體色系爲原色的鬧鐘，或使用會發出聲音之鬧鐘者，近來人生應有大變化。也許是工作調動、公司和人共同合併，或者興起退休的念頭等等，孩子方面不會有困擾。

鬧鐘雖然只是不甚起眼的開運物，可是，卻是每天早晨準時執行時間任務者。一天中的希望或夢想，甚而人生的希望或夢想，皆反映在鬧鐘上。

鬧鐘，甚至可說是夢或希望的縮圖，關係著運及金錢，請儘可能使用高品質之物。儘可能不使用太孩子氣物品，或奇形異狀之物。另外，因『某種紀念性質』而於玻璃表面或時鐘的背面刻上文字之時鐘或鬧鐘，使用此種鐘者，一生中都有可能無法展現自己的長才而終。數字鐘或附有收音機之鬧鐘或電子鐘，以寢室裡的電視或錄放影機上的時間來替代鬧鐘使用者，不可能在事業上有大發展或是居於人上。「只是禮物的時鐘」此種人生定是乏味無趣而終的。

(7)睡衣（內衣）

睡衣，可說是另一個分身的自我，關係運勢好壞，是爲重要之物。

古老時代中的中國和朝鮮國王，對於自身無法親臨的旅行，一定吩附使臣帶著國王平日所穿之睡衣前往。

【買法】

吉方位時出外旅行，必在旅行目的地買些睡衣之類的衣物。穿上這些衣服，也許運會更好。

睡衣（內衣）等衣物，位於好方位時，應買絲質製、綿麻製較好。

若是想買絲質睡衣者，應到離住家位於西方位（西北、西、西南）之店家購買。想買綿麻製品則應找離家位於東方位（東北、東、東南）之店家購買較好。

海外出差或旅行時，可於巴黎、香港、羅馬等地購買絲質睡衣，夏威夷、美國、加拿大等地則可購買綿麻製品。

睡衣，並不能長久穿用。穿用古舊睡衣者，運氣應是奇慘無比。睡衣之更換，至少一年一次。另外，最少亦應持有三套睡衣。運氣不好者，可至好方位處購買睡衣，應可立即轉運。

［睡衣的外觀］

穿著形狀可愛之睡衣者，表示緬懷孩提時代，沈溺過去。此後之將來可能是在黑暗中摸索前進不再繁華。

非名牌睡衣不穿者，只注重外觀，無法生氣勃勃地活在社會中。是爲只能在家中、屋中的一角或床上出力之卑微人物。應立即更換爲絲織品或棉麻製品的睡衣。另外值得一提的是，綿麻製品位於東方位購買，而絲質品則於西方位購買。

［顏色］

睡衣的選購，夏天宜用涼爽材質，冬天則以保暖材質爲原則。然而顏色方面，夏天以藍色系或綠色系，冬天則以茶色系或淺灰黃色系更能助長運氣之伸展。白色睡衣更能令全職的您，更爲好運。

不穿長睡袍者，難以在三十歲左右成功。不管是冬天或夏天，不僅是女人，應擁有長睡袍，男人更應在衣櫃中置放一件長睡袍。

寢室爲和式房間者，應將衣物整潔收放於蓋被旁。而且鋪有褥子而睡的人，過了四十歲後，一定要穿睡衣睡覺。人生後半的運會轉好。

(8)布玩偶、擺設裝飾物

寢室中的裝飾物，除了布玩偶之外，尚有花瓶、書等等。

［布玩偶］

寢室中堆放布玩偶及流行品者，特別是放置各種動物玩偶者，在平成時代，很難以出人頭地。應立即將這些東西清理乾淨。但是，大型布玩偶例外，相反地應可帶來好運。

平成時代決定人際關係成功與否。如此時代中，和可愛的動物或玩偶共同生活，是完全不符合時代的。動物玩偶之擁有較飼養動物來得好些。體型大者很佔空間，只適合置放在大寢室中。大寢室即爲大吉。因此，大型布玩偶雖爲吉物，而小型布玩偶則爲凶物。應立即清理乾淨。用細繩將小玩偶吊掛在牆上，則容易和好朋友分離。

或者，無論如何必須將玩偶放置房間者，可置放在寢室東側或南側較明亮之處。布娃娃或玩偶，決不可以放置光線昏暗處。應放在太陽出來的位置上。滿是塵埃的玩偶或褪色、肢體不全的玩偶絕不可擺放房裡。否則企畫或事業計劃、發跡之源皆會被切斷。

另外，不能將玩偶當成有生命之個體般處置。擺飾品就必須有擺飾品的樣子。

寢室中，與其放置布偶玩具，不如放置自己喜好的書本。另外，不論是擺放飾品或書本皆可。總之，應擺放有利自身於睡眠時吸收之物。比方說，愛好車子者擺模型車；希望彈得一手好鋼琴者，應擺置樂譜等。特別是將其擺放在床頭櫃上，更爲適合。

［其他］

有許多人喜歡在寢室中擺設陶器、獎杯、花盆等物，寢室彷彿是收藏寶物的倉庫一樣，可是，寢室並非收納場所。儘可能收拾得彷如壁畫掛在牆上當裝飾一般。寢室最好能收拾愈簡潔愈好。順帶一提，花瓶置於窗戶西側，『夜生活』較易儘早結束。

眼鏡、鋼筆、書等物千萬不可拿出後不收起來。應該好好地收納於床頭櫃後而眠。藥箱切忌放置枕頭邊。

(9)壁櫥

寢室中大都附有壁櫥。壁櫥中不可擺放一大堆無用之物。壁櫥是儲放蓋被之地。

寢室中的壁櫥擺置寢室中用不到的物品者，將來的人際關係會充滿不安，運氣應該會下降。應立即收拾乾淨，不擺放不相關物品。

善加使用壁櫥而將東西分類收藏的人，頭腦雖好，運氣卻不太好。最好能重新過濾淘汰無用及骯髒之物，使得壁櫃乾淨及整齊。

有許多人喜歡將蓋被捆成一團綁好收拾壁櫥內，有此種作法者，最好立即將蓋被恢復原狀，否則，會因此而將此後之福氣扼殺殆盡。

將東西收入壁櫥時，底層切忌鋪上報紙類的紙張。

另外，壁櫃中設有佛壇或神龕時，擺設上若未經用心設計而草率置放的話，會令幸福全無。

佛壇或神龕的隔扉若是開敞式體積較大者，或重量頗重者，或易碎物等，必須要小心整理以確保安全。

收拾技巧笨拙者，人生計劃無法順利執行。現今生活大都已是上限。另外，居於空間狹小者，應無法積蓄大量財產。

⑽衣櫥、衣櫃

寢室通常兼衣服的堆放所。另外，也定有衣櫥及衣櫃室之存在。

衣櫥或衣櫃，設於西側或北側，門朝東向或南向較好。如此一來，昇起的陽光能直射。

顏色方面，統一使用白色或黑色等單調色系者，無法幸福快樂過一生。

衣櫥或衣櫃最好以木製品較好。特別是使用紋理細緻美麗之美國製品者，將來應有所成。因爲使用東方位生成的原木，較能吸收大地之氣。

不論是多麼高級物，皆不可使用中古傢俱。但是他人贈受之中古傢俱，則必須用心地以乾淨布擦拭乾淨。

衣櫃或衣櫥等物，儘可能選擇高品質物品。配合房間的設計最爲適合。現今雖流行單色系，然而房間整體的擺設及配色切忌淪爲單調。

使用固定式衣櫃者，人生有可能就此過一生。因此不能以此爲滿足。購買高級傢俱，擺於幸運的方位上，應能敲開幸運之門。

寢室中務必放置櫥櫃，並於櫃中放置日常品，特別是使用數頻繁之物。材質採用和床的材質相同者。若能連用小桌共同使用，更能招來幸運。

起居室

(1)桌子

［玻璃桌］

起居室中絕對不可擺置玻璃桌。

使用玻璃材質製成的桌子者，沈溺過去的光榮中，無法有繼續努力向前之力。因此難有成功日。

玻璃桌雖能透過玻璃清晰地看見所有的東西，然而在這之中，沒有新完成之物。表示無成長無樂趣。

另外，玻璃桌所持有的光彩，雖愈磨愈光亮，然而若不勤於擦拭則污穢不堪。金屬和玻璃合成者亦不可用。喜好玻璃所散發出的光芒的人，表示其人已失去光彩。使用玻璃桌者，最好立即更換爲木製或其他材質的良質品。

大理石或花崗石製成的桌子，對於年輕者並不適用。對於已有財有閒者卻再適合不過了。石頭所帶之强力陰氣，對於運勢較弱者會成爲煩惱之源。不會有好運事降臨身上。

［木製桌子］

木製材質，經過良好塗裝而成的桌子，切忌使用桌巾。擔心咖啡杯等物毀傷了細緻木紋者，財運應有下降趨勢。此後應該不會有所發展了。木製桌子的細紋雖細緻美麗，然而仍應當成彷如立於舞台上支架之物來使用。

［其他桌子］

使用正方形桌子的人，一家和樂，外來人際關係亦很協調。

使用長形桌子的人，桌子擺東西向者，仍充作孩子的使用空間，能夠孕育活潑有朝氣的小孩。

桌子擺南北向者，成爲雙親或大人的使用空間。家族容易流於愛慕虛榮。

正方形的桌子，表雙方都兼顧之意，家族應能緊密結合。根據家族之組成而決定桌子的擺向，是爲必要。

桌巾，正方形的桌子使用無花紋之物。長方形的桌子則最好使用帶有花紋之大桌巾。

(2) 沙發

使用重厚帶有肘的沙發的家庭，是爲落伍之跡象，絕無幸運中獎情事。年輕人使用此類沙發，完全沒有年輕人的氣息。類似義大利製的高級沙發，若是擺錯場所，或是沙發佔地太多的話，主人回家的時間應是愈來愈晚。而且皮製的大沙發，很容易取主人的地位而代之，成爲一家之主。

把沙發當床之家庭，應不會有大財運的降臨。而且也不可令外人有如此之想法，認爲主人係將沙發當床用。

擺放便宜沙發或是使用已經磨損的沙發者，可說是絕不可能拓展人際關係、繁榮家運。

將小椅子及墊腳用之物放置沙發旁時，不可放置太過豪華飾物。以不太過講究，簡單爲原則。

房間中之沙發若大而不當或是顏色花樣太過唐突，居住之人易遭受流言攻擊。

起居室裡的沙發，若認爲具有對外及社交上之功能，則採用皮製品較好。若考慮一家團圓之意，則以布製品較適合。

牆角檯及沙發的組合，外表看來雖漂亮，然而易流於愛慕虛榮。易傾向於只考慮外觀而忽略實用性。而且，太過於注重人際關係，相對地失誤也就多了。

籐製沙發上放置布坐墊的家庭，大都是具有藝術風格的家族。將藝術視爲人生目標雖好，但家庭若是如此傾向者，孩子必然不用心力在課業上，會養育出遊手好閒的人。因此，儘可能不要擺設籐製傢俱。若是一定要擺放時，必須隨時放有毛毯之類的東西，必須要考慮室內擺設上的平衡及美感。

(3)牆壁（圖畫、海報）

牆壁，至少要有一面是沒有窗户的。於此牆面上即可裝飾圖畫、海報之類的東西。四面牆上皆有窗户的起居室，缺乏起居室的功用，充其量只是個房間罷了。

起居室兼有接待功用，也是家人休息的場所。爲了能充份達到休息效果，整面牆壁是爲必須。

牆壁上的掛圖，若爲花之圖，家族必能和諧幸福過日子。

山峰之掛圖者，金運、財運都會向上攀昇。

漂亮的風景畫及絹網印花等掛圖，此後能充份展現自我本身的長處及才能。特別是渴望結婚之人，更要掛絹網印花之畫。

漫畫人像圖、奇異畫像、前衛時髦畫，你似乎難以成爲鄰里周遭之人的後盾及難以得到信賴感。

房間不可裝飾毫無統一感的圖畫。另外也不可擺置一堆無用物品。爲了大量掛上圖畫，而於牆上打釘並非好事。應以方位及平衡爲考慮之重點。

海報不應出現於起居室中。起居室中有海報的家庭，會被外來情報資訊淹沒。年輕人與其在起居室中貼海報，不如將海報貼在寢室還比較合適。但是若將海報貼於門上，易浪費金錢。一過了三十歲後，寢室裡貼有海報則爲凶象。成爲只是追逐夢幻之人。

以牆壁種類來說，灰泥牆或瓷磚等，以土或燒瓷磚塊等砌成的家，以後，應沒有金錢困擾才是。

木造牆，人際關係應是和諧順利。貼有糊牆紙或布之牆，雖過著和他人可並提的生活，然而卻無法期待會有大人物產生。

起居室中若用了多量的大理石當擺設，主人可能無法久居這個家。此點務必注意。

壁紙的花樣方面，花式或模樣很大者，表示你在人際關係方面不順暢。條紋式壁紙，表維持現今的生活有點拮据，而且，若爲上班族者有換工作之可能。使用三種以上壁紙在同一空間內，或使用之素材在三～四種者，暗示家庭會由內向外崩潰。

⑷窗簾

［種類］

在可說是一家中心的起居室裡擺設重厚窗簾的家庭者，家族成員會漸漸地不再往起居室聚集，一家團圓之氣氛亦會消失殆盡。

起居室的窗簾，以輕鬆粗糙之物較好。

儘可能不要使用布及蕾絲裡襯製成的雙層窗簾。使用簡單的窗扉來遮光的起居室，能集結傑出人仕，成就好的話題。成爲人際關係優良、社會上成功之家庭。

小窗户，使用窗扉即非常足夠。

向外開展而建立的大窗，必須使用雙層窗簾遮光時，儘可能使用布製二段式窗簾。讓陽光能自窗簾中間的交接縫處射進。

［顏色］

使用無花紋之窗簾者，顏色若爲綠色系，表示滿足現狀。使用顏色搶眼窗簾者，近日有搬家之象。

使用帶有花紋的窗簾，大都是以家族爲中心，不太好客之人。

起居室中的窗簾，儘可能使用無花紋，而且能和整體房屋的氣氛配合又不搶眼之色爲宜。

(5) 水槽

飼養熱帶魚雖是一種流行趨勢，然而將水槽置於起居室者，在金錢方面有大變化。表面看來賺錢，然而在某方面卻有著大赤字，可說是闊氣之人。

喜好將熱帶魚飼養在起居室，享受餵魚樂趣的人，財運方面有大變化。

水槽不能朝南向。朝南者，易得神經衰弱。朝東或東南向者，必須隨時注意水槽及槽中的水，以保清潔。朝北向者，必須注意男女問題的困擾。另外，水槽朝東擺時，事業、學業、工作等方面有可能產生困擾，必須要注意。另外，東南向的水槽，和街坊鄰居可能產生磨擦。總之，在起居室裡置放水槽是爲凶象。

放置有小金魚缸者，請立即收拾乾淨，會替你帶來工作上的失誤，朋友之間的困擾、親子夫妻間的爭執。若是小孩得自祭祀之店或他人，請將小金魚缸移至玄關。起居室是家族和樂團圓之地，人類以外的生物，一律不存在較好。

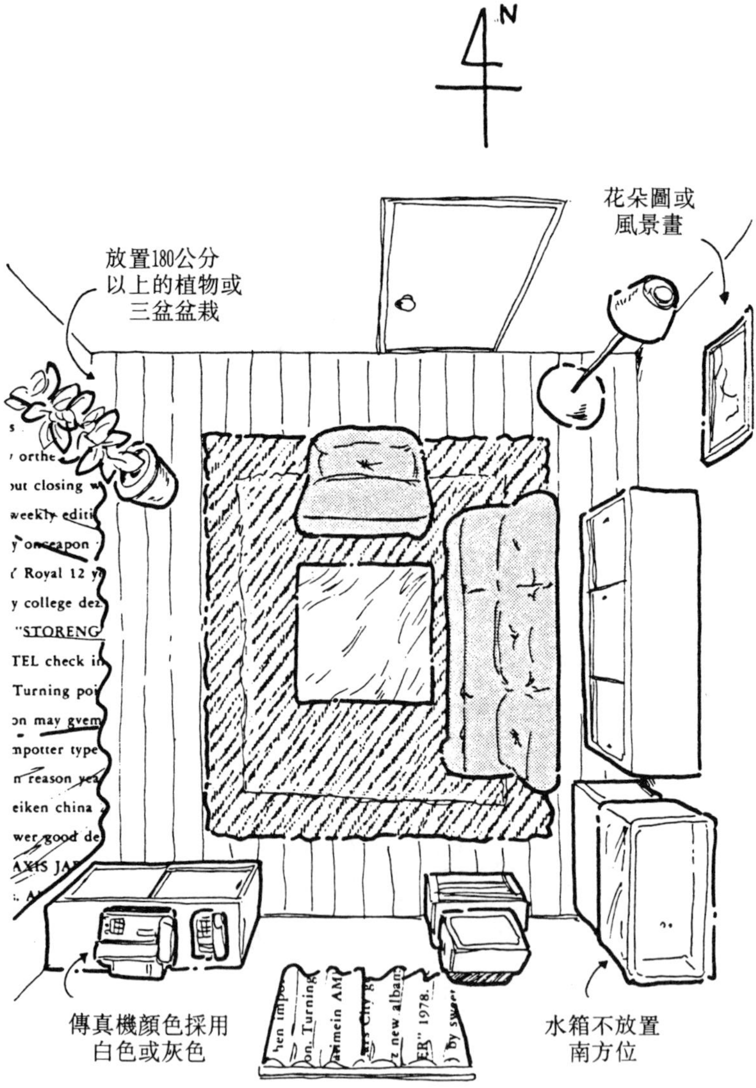
N
花朵圖或
風景畫
放置180公分
以上的植物或
三盆盆栽
傳真機顏色採用
白色或灰色
水箱不放置
南方位

(6)觀葉植物

觀葉植物務必放置在起居室裡。起居室中連一株植物都沒有的家，其家運是停止的。另外，若植物似枯萎樣時，表示家中能源不足。這說法雖抽象，總之，是希望觀葉植物能夠和你共同爲家庭打拼之意。順帶一提，十帖的起居室中，一·八公尺的觀葉植物至少一株，小型盆栽至少三盆。

觀葉植物，具有守護功用，是爲重要之物。有時，甚至可以取你而代之。因此，運氣不好或有所介意之處，應放置觀葉植物。

南方無窗的房間，沒有陽光射入的房間，則放置南邊。此種情形，有時即將它移往戶外曬曬陽光。

西側有大窗、陽光照射過强的房屋，則將它放置在陽光日射較强處。

枯萎的植物任其擺置原地者，是爲被騙或是向外借款，金錢運不穩之家庭。

喜好因季節不同而變換的開花植物者，缺乏一體感，希望能植有持久性的觀葉植物，以求更多的喜悅空間。

請於各個房間中，栽種一盆小盆栽。南邊日照良好的房間更需要栽種。

(7)小東西(煙灰缸、花瓶等等)

起居室中置有大煙灰缸一個，及花瓶的家庭，會有大錢向外流。應該準備數個小煙灰缸放置桌子底下，客人來訪時，拿出這些小煙灰缸供客人使用才好。

特別是玻璃製的大煙灰缸，會奪走你家的財運。玻璃並非現時代之光輝。陶瓷物較水晶來得好。放置有田燒陶瓷的漂亮煙灰缸在家中，會令家裡愈來愈繁榮。

花瓶，則是水晶製品及陶瓷製品兩種皆需俱備。

所謂花瓶，即表示瓶中需有花。

備前及唐津花瓶，瓶中不插花純當擺設之家庭，應可被大事業運所眷顧，此後應有所發展。另外，有田之花瓶更好。

也有人至海外旅行時，買回漂亮的外國製花瓶當禮物，然而如此一來即無法使用將成爲世界中心的日本之氣。放置在起居室裡的煙灰缸及花瓶，應使用代表日本的日本製產品。儘可能使用高級品爲原則。

起居室裡放置的煙灰缸或打火機、煙具組合等，平時用不著，純當作接待用的話，小孩難以安定待在家中，而且不聽父母之言。起居室裡的桌子下置有舊雜誌或碗碟箱、相簿等等的家庭，易成爲周圍朋友嘲笑的對象。

(8)照明

起居室裡至少需有一盞檯燈。此盞檯燈需和房屋整體的形象不失和諧感爲原則。四角房屋配上圓形檯燈，現代感柔和的房間裡配上四角古典味的檯燈。

起居室裡沒有置放檯燈的人，實爲可憐，難以有良好的人際關係及婚姻運。對於講究嶄新設計照明用檯燈的人，會逆轉夫妻間力的關係。

天花板上只有一盞照明器具的家庭，難以有不動産運。若想有良好的不動産，需增加幾盞照明燈。

使用多盞倒掛燈之家庭，雖達到其美化室内功用，切記請勿過量使用。容易受到外來情報所困惑，難以安定。以考慮天花板燈量的容納程度爲原則。

主要的照明、間接照明、牆壁發出之照明等等，皆不使光源直接射入眼睛的家庭，會有大事業或有入金之好運。

(9)地毯、地板

起居室的地板，與其鋪滿地毯，不如鋪地板來得好。

起居室鋪滿地毯者，無法意氣風發地生存於此時代。應立即更換爲地板。這個時代裡應儘可能採用自然素材較爲有力。

中央地毯採用附有花樣者，家族中成員無法長久團聚，近日中容易有搬家、離家等事。儘可能使用沒有花紋的地毯。但是，四週須置放岩石物。

衛浴、廚房或玄關之色系和中央地毯相同者，其家庭的主人在社會上必能成功。但難有一家團圓之舒暢事。

地毯，應著重於顏色的選擇。或者，選擇因季節性容易更換之物。與其長久使用同一東西，不如每年更換便宜東西。

地毯顏色的能源，會影響在這其間休息的人及家族。

地毯顏色爲藍色系者的家庭，大多是受住宅貸款等事困擾。

綠色系地毯，雖有餘裕，但是精神方面缺少喜悅。

淺灰黃色系者，易成爲裝腔作勢缺乏內涵之人。

灰色系者，不滿足現狀，易受新事物吸引，但往往無疾而終。

地板，最好是不特別塗裝，保持原狀最好。不管是否塗裝，也必須每日擦拭保持清潔。地板一旦受到傷害即無法修復。即使使用硬質材料也無法避免受到傷害。然而一旦地板有所損傷時，並非放任不管，應該適時地修補加以整理。

⑽電話、電視、音響

[電話]

現今流行無線話機，雖無放置的問題，然而此後的時代應放置附有傳真機的電話。起居室裡設有傳真及電話之人，會有大財運及戀愛運眷顧。另外，爲了令家庭中成員都可使用，請將傳真機放置在起居室。

使用灰色系的電話（傳真），可開展事業運。白色等系列者，有良好的旅行運及人際關係。

紅色電話，最好放置家中起居室的東側，來自海外的電話或英語會話皆有可能增加。

使用無線電話者，子機至少需二台以上，不論多麼狹窄的家，至少都需有二台話機。其運氣的來由取自『三』之意。對方打電話進來時，和你家中的二台語機合算爲1加2等於3之意。

〔電視、音響〕

起居室裡設有電視及音響雖覺得理所當然，然而這些令起居室具有使用活性的道具，已經過時了。

家中置有超過實際需要的大電視者，有可能馬上搬家。切忌放置過大電視及音響。將電視、音響放置在起居室西側之家庭，家中小孩容易流於只看電視而不讀書。西方位的格屬於高方位，電視容易成爲家中的權力者。

將其放置在南方的家庭，是個家族統一、和諧快樂的家庭。由於光線明亮，白天不看電視，大夥談話聊天的機會相對增加許多。

將其放置在東方的家庭，電視及音響會成爲多餘的。會有更有趣之情報由外傳入。

將其放置在北方的家庭，會因電視或音響等物引起家人吵架、兄弟不合等事。北方屬安定方位，於此方位上設有電視時，氣會漫散而焦躁不安。

以前曾流行在音響的喇叭下放置木箱，由於這會使得家運中落，應立即換掉。但是，鋪有地板之房間則不在此限內。地板上之氣可以影響喇叭。

打算買電視和音響或ＣＤ組合的人，需將其放置在起居室東側（東北、東、東南）。一旦放置在西側，易導致連假日也無法外出，一家人待在起居室裡無所事事。

觀看小螢幕電視有害健康。

攜帶著電視行動的人，難以安定，大多是焦躁不安型。移動型電視，儘可能採圓形設計。因爲圓形物，無論放在何處，能源產生的吉凶力皆很弱。

音響、電視、電話上滿是灰塵，是最糟糕之事，如此的家庭，没有餘裕，家運中落。請儘可能保持電視、音響、電話的清潔。

⑾其他

起居室裡的櫥櫃或擺飾食器的餐具櫥等物，必須放置北側、西側朝南側、東側等向。起居室較暗時，陰氣變强，會成爲缺乏開朗話題之家庭，應在陽氣方位上，放置表面會發出閃閃亮光的美國製傢俱。

起居室裡，無論如何都想擺設洋酒瓶時，一定要採用高級木製品傢俱，如柚木製或紅木製。不能在其他材質所製成的傢俱上擺置洋酒。若有此情形者，應儘速將這些洋酒移往他處擺放。

書本或雜誌，爲了誇耀、大量使用書檔者，應立即清除。易被視爲輕浮的商品人（若是將其放置東側則不在此限）。

沙發上的椅墊，若和室內擺設不搭調，沒有整體化，稱不上室內擺設之用時，請立即更換。多量使用椅墊，是令人無法久坐沙發之意。

側桌或餐具櫥上放置家人或自己的照片時，家人難以共同生活在一起。很容易造成孩子很早即離家或因爭吵而出走等，應立即清除。但是，若大小合起來在三張以上則無所謂。能源力量上也毫無問題。

裝飾有紀念性照片或和偉人握手照片的家庭，難以把握幸福。也應該立即拿掉。將他人贈送的小東西或玩偶任意擺放，或放置動物標本，這些都會令財運、事業運及健康運大受影響。這些東西絕對不可擺放。

骨董品也是切忌擺放起居室裡。另外，觀音像或佛像之類的東西請勿擺飾起居室中。若是擺放起居室中，請整齊地安置並每日慇懃地換水。

廚　房

(1)現代化配套炊具的廚房

使用現代化配套炊具廚房的家庭，此後可得到各式幸運之事。

〔種　類〕

若是在意廚房方位的吉凶，首先考慮採用美國製品，或是儘可能買高級品。廚房裡東方位的發育之氣非常重要。美國位於日本的東方位上，因此，於美國製造的傢俱，有利於氣的提升。特別是使用木質現代化廚房的家庭，家中成員個個健康，過著和樂幸福的日子。廚房，對女性而言是很重要的場所，對幸運度有很深的影響。木質之氣一旦充滿整個廚房時，人際關係隨著木氣而上升，可過著充實幸福的生活。

表面若有光澤可增加美感，若有質感可增加魅力。洗滌槽、水龍頭以國產品較適宜，因爲水及瓦斯皆是來自國內，相性較合。

另外，外觀色彩鮮艷的廚具，使用之人易流於愛慕虛榮。白色或象牙色，可創造開朗明亮的家庭。特別是在有所忌諱的廚房，以白色廚具最適合。綠色系，可望有安定的收入。陽光日射良好的廚房，是爲最好的選擇。黃色系可提高西南位的廚房氣。橘色系或附有花樣者，對年輕人最爲適合。一般而言，可緩和東氣凶方位作用。

調理台材質爲大理石或人造大理石的廚房，主人爲矯飾者，是爲喜好外出用餐之人。若有儲物櫃亦表示友人多，當然相對地用錢也多，人生喜悅也隨之增加。儲物櫃中，放有瓶物六瓶以上，必須注意來自瓦斯的反對之氣。

調理台爲不鏽鋼材質時，必須保持其乾淨不油膩。一旦不鏽鋼失去光澤時，自身病痛亦隨之產生。

水槽的數量，若希望走運，以使用一個大水槽較好。原因，一取其新東西有新氣，二取其大海是招來幸運之意。

［格　局］

現代化廚具的格式爲一直線者，主人的人生易流於單調。缺乏向新事物挑戰之勇氣。吊板過低，光線陰暗，幸運之氣更易流失。棚下燈應明亮，以利工作。

L型廚房，當使用此種廚房時，你已開始迎接人生的大轉換期。吉凶分明，必須小心地使用廚房。特別是有二個以上的儲物櫃者，人生起伏落差亦大。

ㄈ字型廚房使用者，容易流失快樂。最好在財運方面要小心，以不赤字爲原則。另外，有可能因眼前事而失去了重要的人際關係。一旦財運金錢方面陷入困難，很難以有好結局。在狹窄的空間裡，更需將天花板的照明弄得更明亮。

面對式廚房的使用者，由於過份向著家人導致失去社會性。必須積極地想辦法和外界交流。若是通風良好、光線明亮之處則無需擔心，但是光線若昏暗不明，很容易令人失去社會性。

現代化廚房，三餐内容的好壞對金運有所影響。不僅針對女性，甚而會慢慢地擴及全體家人，是爲重要的傢俱。爲了多少能有好的影響，須注意：①保持廚房的清潔。②愛惜陽氣。③假設將有大筆錢出入，好好約束家人以不浪費金錢爲原則。④儘可能吸收來自木質物的大地之氣。⑤善加利用觀葉植物。

若是使用外國製品的現代廚房，使用位於西方位國家的歐洲製品。太過奢侈。東方位的美國製品，年輕富有朝氣的東之氣在此時代裡較爲有利。

現代化配套炊具的廚房，雖爲價值昂貴物，然而爲求好財運也必須花點錢。原因是使用高價物，讓帶來好財運之氣充滿其中。（順帶一提，現今使用現代化配套炊具廚房之比

例尚未達5%）

使用他種廚房的人，最好儘早更換爲現代化配套炊具廚房。必能抓住健康及財運。自體內開始培養因三餐得來之運氣，成功必定手到擒來。

(2) 桌子

「吃飯」，對家庭而言是件很重要的事。吃用同一鍋子所作出的料理，是爲家族之證明，根據這相同的料理而產生相同的細胞。

自古以來，出雲大社的宮司，直到自己的父親去世，自己才能隨自己心意升火煮飯。而且在自己擔任宮司家長一職其間，家人和傭人都必須食用同一爐火做出的料理。另外，吃飯場所亦是重要。特別是食堂的餐桌，更是與運氣之吉凶有著大關連。

『廚房如火之車』此話意味「財政困難」。廚房方位的良惡與否的同時，室內擺設使用之物材質的好壞，對財運有所影響。廚房傢俱，金錢方面雖昂貴，但由於是每日必須使用的東西，對夫人及全體家人財政方面有著很强的影響力。

［形　狀］

餐桌應使用四角形狀的東西，切忌使用圓形餐桌。一般人很可能認爲圓形物欠缺四方的角，較能有圓滿的人際關係。事實上，喜好圓形物品，亦即意謂已失去在社會上求發展之意念。

目前使用圓形桌子者，人際關係、戀愛和工作皆已達最高境界，無法再向更佳境界邁進。年輕時應使用四方有稜角之物較好。隨著年齡增長而改使用去角或圓形物是最適合的選擇。

而且，白色系桌子，易失去年輕性。外表經加工處理的美麗、木質材桌子，失去了向本身不熟悉的事物挑戰的精神。

如果，現今你所使用的桌子係一・八公尺以上的大桌，四端的角，最好能磨圓一些。此時，根據桌子的擺向，可調整方向性運氣的強弱。具有伸縮性的桌子，最好一開始即採用未經縮減的原形。

長度在一・八公尺以下之桌子，必須使用稜角形。稜角大小無所謂，一定要避免使用圓形。

桌腳，以不妨礙椅子爲原則。桌子中央有一根桌腳者，表缺乏安定感。若是側桌則無所謂，但若是作爲餐桌則失去其餐桌之格。主人之力會愈來愈見消失。還是以四端有桌腳的較好。不僅有安定感，桌子的輪廓也比較清晰，也能清楚地自餐桌的三餐得到精力。

坐位亦是重要的一環。決定位置時，北側或西側是主人或主婦之位，小孩則坐在南側或東側。年輕夫婦是男性坐在西（北）方，女性坐在東（南）方（男孩及女孩的順位亦是相同，務必決定方位學上的「位」）。

［材質、設計］

儘可能選用原木、高品質的材質。

使用原木桌子的家庭，是爲有將來性之家庭。料理本身的格也會往上升。使用雷克拉系桌子的家庭，難以有大財運的眷顧。

使用仿冒原木，表面經加工處理外觀美麗的桌子，其家庭的人生應是膚淺過一生。也不可長期使用外觀上美麗花紋或岩石縫隙形狀的東西（緊急時，難以有好運照顧。運，常以原物爲指向，特別是尋求腳踏實地的安定感）。

另外，松木材質的表面塗裝有明亮色彩的桌子，中年以後運即消失。應儘可能不選用明亮色系的桌子。別墅等類的房子則無此忌諱。如電視或雜誌經常可見，表面明亮的家庭，四十歲後其運（人緣、交際）也有下降趨勢。

椅子，以使用和桌子相同材質，或配合顏色協調爲原則。

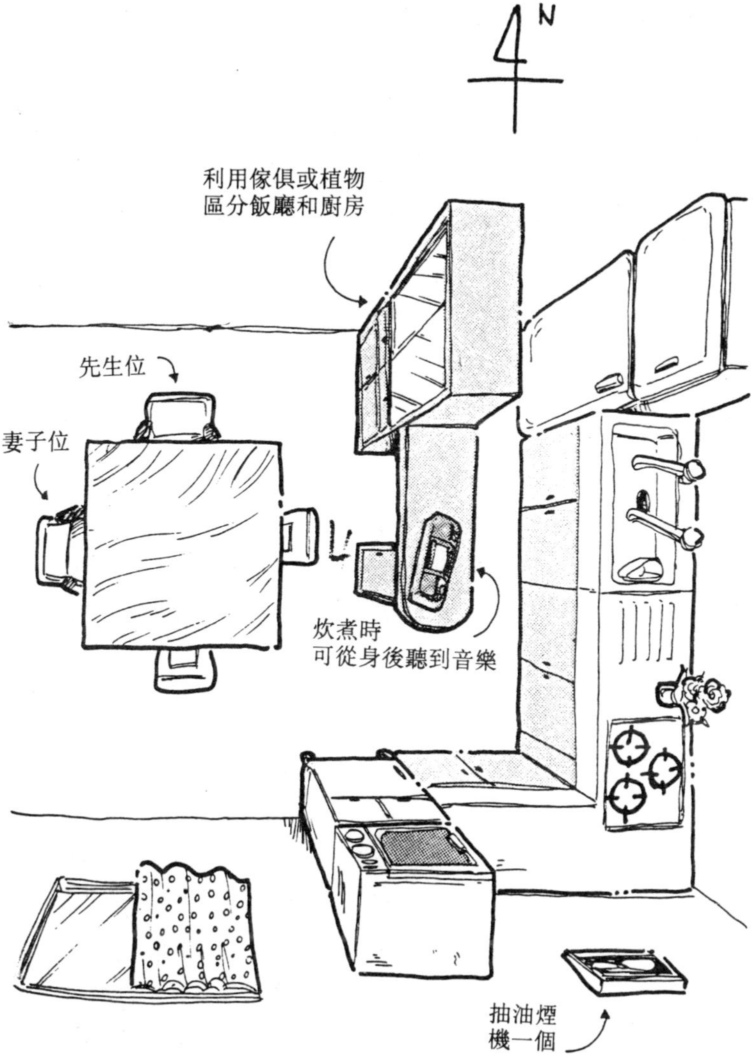
N
利用傢俱或植物
區分飯廳和廚房
先生位
妻子位
炊煮時
可從身後聽到音樂
抽油煙
機一個

使用金屬椅或外形設計前衛奇特的椅子，有可能失去社會性能源。

餐廳儘可能選用簡單、舒適的椅子。雜誌上出現的照片椅或展示間裡陳列的椅子看來外表雖合適，然而家庭中，他們卻是不實用的東西。小孩，儘可能讓他使用無肘的椅子，大人則使用有肘的椅子。這可令小孩清楚地感受父母的尊嚴。親子食用相同食物雖爲好事，然而這之中，仍應明確教導吃的姿勢或吃的道具等。

座的部份以布爲最佳選擇，由於是每天必用物，與其選用便宜貨不如多花點錢選用良質品，以便招運。

不可使用高凳式椅子。喜好擺設之家庭，家族成員乍見時，彷彿關係良好，事實上是各自爲政的家庭。

椅子的布，淺灰黃色，丈夫表權力者，深褐色爲表面夫婦。綠色系，以小孩爲中心。灰色系，主婦有喜愛外出的傾向。

(3)冰箱、電器用品

使用小電鍋或小瓦斯鍋的家庭，沒有發展。

若是家中廚房爲現代化配套炊具之廚房，冰箱最好採用同廚房色系相同者。

〔冰箱〕

外國製的大冰箱將會令人失去家庭愛。由於冷氣過冷，根據廚房的方位，特別是雙親和小孩共居時，幾乎無法有良好的親子關係。特別是西方位、西北方位最爲不適合。購買時，應避免色澤過强。人際關係有衝突壓力，特別是婆媳、親子間問題的家庭，大多是擁有時髦顏色外國製大冰箱的家庭。

冰箱和廚房一樣，以採用高價品較好。請注意冷氣作用愈大影響力愈强。

外型設計方面，不可使用過份强眼的冰箱。窄小的廚房中，放置大型冰箱爲節省購物時間的年輕夫婦，若是廚房位於西方位，冰箱以西方位爲靠背，需注意胡亂花錢及外遇等事。而且，冰箱的門數若多，亦可能離婚。左右開門式或直立分三格者，冰箱上儘可能不放置無用物品。

最近，有許多可以製冰的冰箱，儘可能使用和製冰器分開的冰箱較好。若是使用含有製冰功能冰箱，勿將製成的冰塊放任不管。

冰箱上，裝飾花朵，可因其水氣防治病難。

冰箱顏色，白色需注意人際關係，綠色需注意工作，藍色系需注意戀愛，其他顏色則需注意健康。

〔電化製品（煤氣灶、電子爐）〕

煤氣灶、電子爐等物，都是廚房中不可欠缺的東西。這些東西的放置位置就成了重點。由於發散的能源強大，更具其位置的重要。

特別是若將電子爐直接置於冰箱之上，主婦很可能不再專心料理三餐，因而三餐愈見粗糙。冷氣之上有了火氣，會令人失去幹勁，流於安逸，只做些簡單的烹飪。因此這是絕對要避免的。

其次，電子烤箱不可放置在自餐桌處伸手可得的地方。家族聚集時，體溫會促使室溫上升。附近的電子烤爐（火氣）及體溫（火氣）的作用，產生別離作用。將電子烤箱放置餐桌附近，雖便於使用，然而卻容易導致爭吵不斷，家族失去向力心。

ＤＫ式（廚房餐廳合一）的家庭，須注意如下事項。

夫婦、情人爲永久保持良好關係，最好能清楚地將廚房和餐廳分開。利用傢俱或植物當擺設分開。若無法清楚地區分時，在餐桌上放置水果或花之類的東西當作裝飾，多少減少別離的作用。

另外，瓦斯灶、電子烤箱旁，務必放置小盆觀葉植物。如此一來可減少電子烤箱發生之別離作用，將烤麵包機隨意地放置餐桌上，家族必會變得七零八落。

廚房裡污垢不堪的家庭，必定不會有多餘的金錢，家人的健康也堪慮。有空時，多清掃廚房及勤擦拭餐桌。油煙機上的風扇若是積壓過多油垢時，街坊鄰居的關係會隨之轉惡，排水不通時，會因而便秘。瓦斯灶骯髒，易使人心神焦躁，造成與人爭吵之因。排氣方面儘可能採用乾淨無煙式，免除令人不愉快之事。

(4)餐具、玻璃杯

餐具架向南或向東時，亮光隨時可直射內部，污垢則一目瞭然。

購買便宜餐具架，會令運勢下降，然而若在五年以內更換則無妨。

餐具、玻璃杯等物必須收放在有門可關開的容器內。任其裸露在外，或是容納的空間過小，如此的家庭，不會有好的評價。

將餐具放置高處的家庭，往往是愛慕虛榮而無恒產之家庭。

玻璃杯應隨時保持光亮。或者，應儘可能使用高級品的餐具、玻璃杯等物。使用塑膠製品或其他便宜物的家庭，其家庭運及戀愛運必然不佳。如果，你自認本身並非有錢人，至少也該爲了孩子，儘可能讓孩子使用優良餐具。

(5) 窗簾

廚房可直接收到早上陽光照射的家庭，必有出頭的一天。作為廚房的窗簾，以百葉窗或不燃品為好，但是以不遮朝陽為原則。

黃昏日射時，百葉窗是必需物。西照日的廚房，易招來金錢及戀愛的浪費。由於有外遇者的廚房大都位於西側，應使用百葉窗等物確實地將陽光隔絕。此種情形下，百葉窗顏色以黃色、淺灰黃色為宜，然而，若仍不能停止貪玩的習慣時，則採用綠色系或藍色系。

西北側廚房為女性的上位。丈夫大都傾向出差次數多者。即使沒有日照，也該使用淺灰黃色的百葉窗。

廚房位在北方者，較缺乏冷靜。百葉窗應採用暖色系，特別是橘色為宜。

廚房位於東北者，需注意受傷等事。百葉窗宜採用白色。

廚房位於東方者，是充滿朝氣易犯錯的個性。窗簾、百葉窗以藍色系為宜，較能令人冷靜。有朝陽射入的廚房，能將幸運充塞廚房，應保持窗簾、百葉窗開著不緊閉的狀態。

東南方的廚房，夫婦健康，孩子運良好。百葉窗以不惹眼為原則。

南方廚房的人，對白金、金、銀等貴金屬有濃厚興趣，易引起金錢方面困擾。最好放置綠色百葉窗或觀葉植物。

西南方的廚房需用黃色百葉窗好好地遮光。

(6) 照明

照明設備必須架在天花板中心。

與其講究廚房的照明設備，不如以餐桌上的明亮度爲重點。餐桌上的照明程度以料理的等級調整。或者，以三餐內容的好吃度決定。

照明，並非單自一方之光源，至少也應來自二個方向的光源。

廚房洗滌槽處未設有照明燈者，不僅料理無法弄得好吃，也會失去重要的健康運。在洗滌槽處，儘可能設置大型照明燈具。在照明燈下安裝鋁製棚遮住光線，是最差的做法。

瓦斯灶上方安裝有聚光燈照明之人，在廚房料理的機會逐次減少。若是女傭，情況還好。其他的女性則變得不喜料理。身爲丈夫者，若發覺此點而覺得奇怪，則瓦斯灶上勿安裝聚光燈之類的東西。

若是爲了營造氣氛，而在餐桌上設置燭台等物，小孩會變得不再與大人共同用餐。應讓小孩在明亮之地用餐。

(7)金屬、菜刀類

沒有吊掛菜刀之所，任菜刀擺置一旁的人，難以存錢。另外，也容易爲受傷的事苦惱。菜刀、刀叉之類的東西必須要有固定的收藏地。婆媳間問題較多的家庭，大都是此類型的家庭。

刀叉、湯匙等類的金屬裸露在外的家庭，來家的客人會減少。即使有也儘是些散客。銀製的高級湯匙或刀叉，最好放在一起成一套。金屬是爲大地之氣，因此需要好好處理及存放。

水栓、瓦斯栓、水管一旦骯髒，易變得三餐都需麻煩他人照料。

(8)圍裙、拖鞋

圍裙或拖鞋等廚房用品，和煮飯意願有所關連。如果，缺乏煮飯意願時，更換圍裙吧。曾經有一段時間，印有空姐所穿的航空公司商標的圍裙造成大流行，然而卻不可使用這種圍裙。會因他人而忙。圍裙至少也該使用高級貨。各式的名牌貨，各有其特長。

例如愛爾梅斯，會令人成爲料理美人。圍巾等物，使用高級品，任何廚房都會變得明亮、人緣、交際運都可上昇。

高級的圍裙，會連帶地使人有調理創作的意念，儘可能穿乾淨美觀的圍裙穿梭廚房中。沒有料理意念時，更換採用紅色調圍裙。多加使用紅色或黃色圍裙，可令料理顏色看來更鮮艷，或者，使用此種圍裙的人，其運氣也會轉好。

廚房地板有黏黏油垢的家庭，難以有良好的財運。

「需要金錢的人」，首先必需清掃地板，將沾滿油污的拖鞋丟棄。

隨意地將外用骯髒的拖鞋置於家中，是爲大凶。必須儘快將這些東西丟棄，擺放新的乾淨拖鞋。

室內用的拖鞋，以內裡爲皮質者較好。

此外，廚房中有許多小東西，放置這許多東西時，不可令其沾染油污。

報紙或雜誌等物，不可隨意凌亂擺放，應整齊地擺放書架中。

隨意在月曆上書寫的家庭，易發生親子間不和之事。若需記載，請寫於日程簿上。

(9)其他

廚房的牆壁上，必須掛有日程簿。廚房中若無此物，則無法得知最近的變化及此後的情報。

在廚房不可放置電視。發自電視的電波會溶入料理中，這對人體不好。

邊做飯邊聽音樂時，有『廚房中的音樂需來自背後』的原則，把音響唱片等物置於自背後傳來音樂的位置。

没有時鐘的廚房，無法做出真正好的料理。廚房或餐廳裡多少放有一些書或雜誌的家庭，大都團圓和樂。

廚房中有兩個以上換氣扇的家庭，必會洩漏家中秘密。應堵塞一個換氣扇。

換氣扇油污骯髒時，應立即更換清洗。此時油煙罩也需一起更換。換氣扇和油煙罩彷如親子關係，若只換一方，外面的人會在你家的餐廳用餐。孩子的很多朋友來家中用餐，換氣扇就是其因。

風表示流行、人際關係、教養。教養不夠周到，事物不協調，都可認爲是換氣扇的緣故。

菜籃收拾乾淨放置涼爽處。垃圾也同樣的如此處理，這都是最基本的。不論調味盒是否漂亮，家中調味瓶沒有五瓶以上者，其家的主婦難以喜歡做飯。鹽或砂糖或味噌等物因油污而發黏，毫不在乎地將其放在平衡感差的容器內，不在意容器周遭溢出鹽或砂糖等物的主婦，無法教育小孩誠信。

另外，廚房中供奉惡神，家中卻任其髒亂不堪時，反而會招來凶禍。幸福的人生，首先要擁有健康。因此無論如何要將廚房收拾乾淨。

化妝室

任何人都知道化妝室的重要性。而且人生面臨選擇而苦惱爲常情，此時，化妝室的內裝是否良好，佔有很大的關連。

經常可聽到他人說，化妝室裡臨機一動的想法帶給他事業上相當大的幫助。總之，室內擺設中沒有他處像化妝室能夠對人生的轉機有所影響。

(1)照明

化妝室的照明，必定要明亮。昏暗的化妝室不僅不衛生，而且令人的健康運下落。使用光線昏暗的化妝室的人，應儘快更換照明設施。最好能令人閱讀在其中。

照明設施的位置若是照射便器，使便器中的水反映出燈光者，不適用住宅（不可使用聚光燈的照明）。使用如此照明的人，難以安定工作。

光源直接反映在便器中的水上時，必需選用附有遮住光源外罩的照明器具。

無法更換照明器具的人，在燈下貼上不燃性的塑膠貼帶，防止其光源反射水中。特別是化妝室裡無窗的家庭，更需注意通風及照明。

化妝室的照明採用彩色燈泡者，必有男女間的糾紛。外殼附有花樣或外型講究的照明器具也不適用。選擇式樣簡單的較好。

照明器具的位置位於便器前方的化妝室，若是經營者，有可能在重要時刻陷於資金不足的苦惱，若是上班族，有可能因貸款的還款事項苦惱。

電氣位於入口左側牆壁者，喜好遊玩。

位於右側牆壁者，對健康持有不安感。

電燈自後方照射出的情形，令人容易忽視人生。

化妝室的照明以中央位置爲理想，最吉相。但是，若光源直接反映於便器水中則爲凶相。

(2)用具

未將化妝室的清掃用具收拾妥當的家庭，其小孩不會認真求學。

清掃用具是很重要的東西，必須好好收拾妥當。不可將抹布置於洗手檯之上。

使用强味防臭劑，隨著門的開關，强烈味道瀰漫房屋四週，這爲凶相。最好使用無惡味防臭劑。

門的旋鈕上包裝可愛的布或裝飾品等，是爲大吉。但是若不注重清潔任其污穢不堪則爲大凶。粉紅色系的裝飾品，會令女子不喜幫忙家務。粉紅是西方位之氣，一旦和化妝室的水洗之氣同化，易有喜好遊玩的小孩。沖水用的水，使用藍色系者，爲愛慕虛榮之人。

(3)毛巾、拖鞋

隨時保持毛巾的清潔是爲常識。若是經濟狀況許可，請儘可能使用新物。

一般人常將預備的毛巾放置在化妝室內，然而正確的做法應是放置在化妝室外。擺放在雜貨用的吊棚或櫃子，不能拿來收放毛巾。化妝室裡有某種散亂空氣流動，若將東西收拾保管在其中，是爲大凶。

毛巾用過即丟棄的家庭，全體家人都難有安定情緒。應該分開個別使用一條。

使用帶有花樣的毛巾者，有强烈的戀愛傾向。使用白色毛巾者，愛好清潔。

化妝室裡的拖鞋，應半年更換一次。

缺乏運氣的人，大都是買便宜拖鞋之人。最好使用高級拖鞋，比如說雷諾瑪或隆翔等一流品牌。拍賣時，可一次購買兩三雙名牌拖鞋，準備化妝室中使用是爲良法。

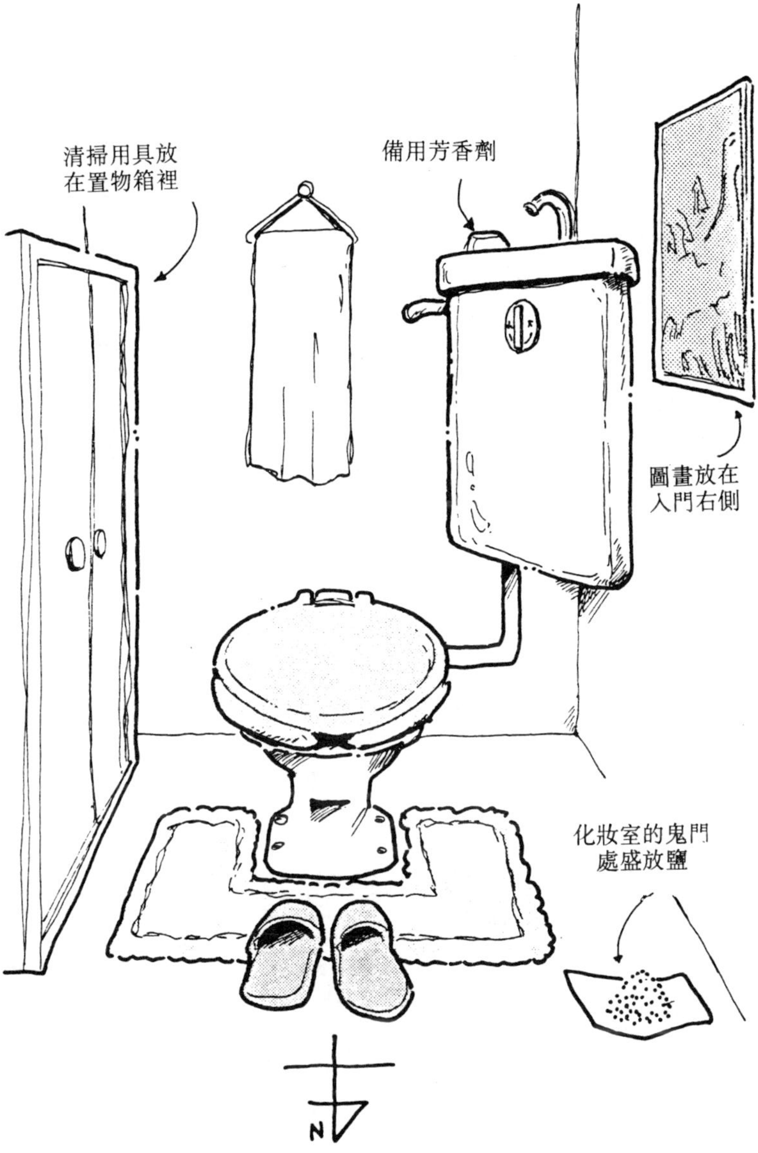
清掃用具放
在置物箱裡
備用芳香劑
圖畫放在
入門右側
化妝室的鬼門
處盛放鹽
N

拖鞋的顏色，偏白色或淺灰黃色。地毯上整齊排放拖鞋亦可。鋪有地毯卻不放置拖鞋者，是爲大凶。化妝室裡放有拖鞋穿用，是爲基本常識。

便坐蓋顏色是綠色系或淺灰黃色系較好。原本，只需清掃保持清潔即可，然而保持明亮對心情甚爲重要，因而加上色彩。

⑷其他

若說化妝室中有什麼惡方位作用，係指化妝室裡有所忌諱之處，擺放鹽巴。但是若只擺放一次後任其經過一、兩年不更換則無效果。一個月裡至少二、三回，最好的是每日更換。如此一來，不論化妝室裡有何種凶作用之地，你也無需煩惱。白色小碟子或使用寫書法用的宣紙盛放雖可，但是，若能使用漂亮的器皿盛放更好。

化妝室裡，不可擺放玩偶。但若是陶製品則無妨。

若化妝室擺置圖畫，自入口處向右側方位，運氣會上升。

門上裝飾個人喜好之物雖好，但若是人像或玩偶、大海報等等則爲大凶。

也有許多人貼上月曆，這爲錯過時間或行程等類型的人。經常放置報紙或雜誌於內者，最爲不好。

浴　室

浴室是强化或惡化男女關係的場所。

和以往相比較，浴室的照明器具、冷暖氣皆變得齊全，然而，浴室若過大，冬天容易寒冷，所以一般而言皆很狹窄。但，若是允許，儘可能使用豪華寬廣的浴室，會令人開運。只能洗澡的浴室，清楚地說應是凶相。

(1)浴缸

塑膠製的浴缸，只要隨時保持清潔即可，但是，若清掃不徹底時則爲凶。

不鏽鋼製浴缸則保持光亮。檜樹或桐樹製成的浴缸，即使毫不走運之人，也會令其運氣上升。

不可放入產生泡沫之器具。雖有益身體，然而卻將運氣如肥皂泡沫般輕易地吹走。

喜好深式浴缸，是爲受金錢約束之人、受金錢困擾糾纏之人（不常泡浴者則無妨）。

相反地，喜好淺式浴缸的人，則受人際關係約束。

彩色浴缸雖可令水看來更漂亮，然而最好的是檜木。沒有蓋子的家庭（蓋浴缸用之蓋子），男女間關係冷淡。

(2) 洗髮精、肥皂

浴室內有鏡子較好，但需保持乾淨。與其使用大而無用的大鏡，還不如小鏡子來得有用些。

使用大瓶經濟型洗髮精的家庭，必定有人際關係的困擾或移轉的問題。另外，不宜大量堆放洗髮精或潤絲精在浴室、盥洗所。

積存肥皂試用品者，難以成爲大人物。

需要錢的人，不妨將法國製或義大利製的洗髮精或肥皂放置西方位處。希求名譽與地位之人，擺放使用英國製品。希望在企劃或營業上有所成就之人，使用美國製品較好。

使用良質肥皂，社會上的人緣與交際亦隨之寬廣。味道則有創造流行之源的作用。

(3) 用具

浴室中的椅子或洗臉用具，採用粉紅色系的人，近日應有好事。也可說是隨時不捨棄夢想之人。使用茶色系統，爲希望獨立之人。淺灰黃色系者，渴求人間的愛之人。綠色系之人，健康或金錢上懷有不安，或是希望長壽祈求健康。購買白色物品之人，身旁必有自己所喜歡的人。

現在正使用白色物品的情人，互相喜歡對方則很好，但說不定除此之外尚有喜歡的第三者存在。米黃色之物，是家庭七零八落之訊號。

使用黃色等時髦顏色者，是尋求現狀生活中有變化之人。

浴室的排水非常重要。排水系統阻塞的家庭，近日，有搬離此家之徵象。排水管附近，隨時保持乾淨爲原則。

盥洗所放置擦腳用的地毯，避免使用艷麗花樣或强烈花樣物品。隨時都放置同一東西的家庭，更是不好。丈夫會變得不愛回家。

衛浴用毛巾等物要好好地放置在盥洗所。但是，最好能直接令太陽光照射。（避免全家人共用一條毛巾）

亞麻布類製成的浴室毛巾，以白色最好，但是灰白色或淺灰黃、綠色、藍色等淡色系則無吉凶之分。艷麗色彩物爲陰陽較强，對剛洗完澡的人有較强作用。

壓力較低時，使用黃色或粉紅、紅色等陽氣的浴巾，過高時，使用藍色等色系較好。

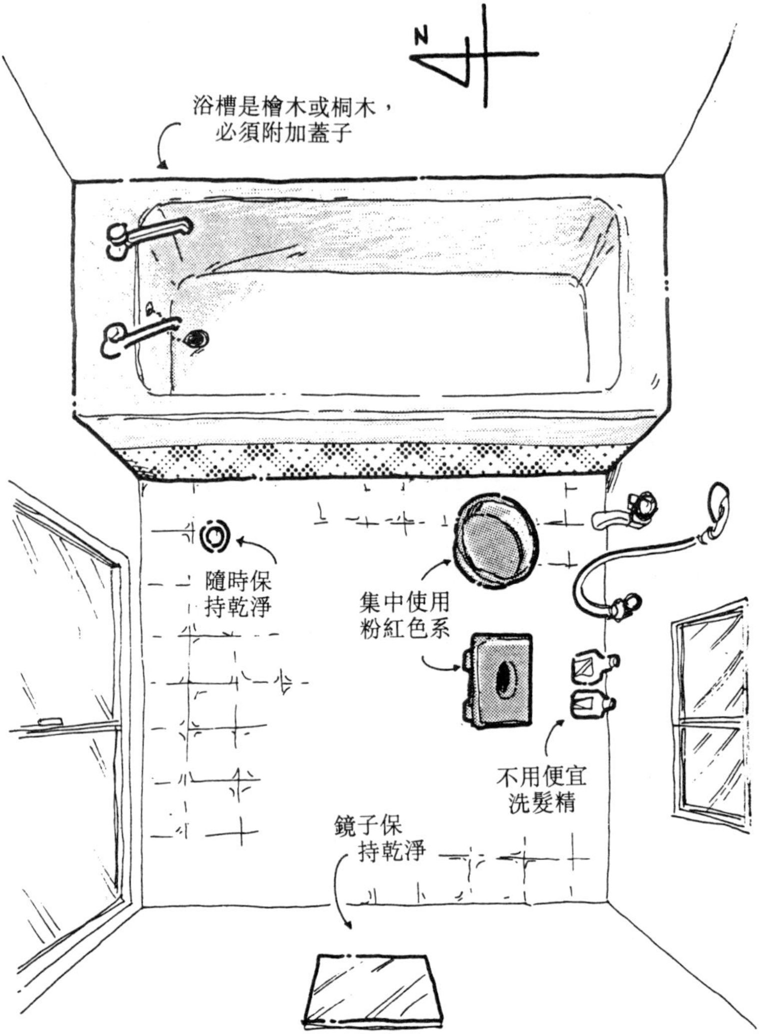
N
浴槽是檜木或桐木，
必須附加蓋子
隨時保
持乾淨
集中使用
粉紅色系
不用便宜
洗髮精
鏡子保
持乾淨

體重機減肥是現代人爲求美及健康的代言。使用顏色鮮艷、刻度數字大而易見者較好。並非放置在房屋角落，而是放置在顯眼之處。

(4)洗衣機、其他

洗衣機，購買全自動機器者。洗滌時，任其出水，直至洗衣之人發覺已清洗完畢的洗衣機並不能稱得上好。

色澤方面，雖有白、藍、粉紅、綠色、黑、灰色等多樣，然而顏色以白色爲佳。使用白色之外的洗衣機者，會變得不愛洗衣，甚而在某種程度時轉而麻煩他人清洗。送洗的次數會增加。

洗衣機之下，必須放置洗衣機座。若直接將洗衣機放置地板上，是爲凶相。但是，若是地板下有層層階梯者，則無所謂。

没有洗衣機專用的給水口，從浴室水籠頭或他處引來用水之家庭，小孩容易有爭吵。

淋浴或浴室的冷熱水水籠頭，需擦拭光亮。來自乾淨處的水，可帶來運氣。

浴室位於北方者，不加使用含有强味的沐浴劑。丈夫容易有外遇。

玄　關

一打開玄關的門，朝陽即能射入的位置爲最佳之地。

玄關幅度過窄、開關不易的家庭是爲凶。門把上不可裝有布或其他飾品。

(1)鞋櫃

玄關入口若無鞋櫃是爲大凶。玄關入口必須放置有容納鞋子的場所。但是，若是和玄關不搭調的鞋櫃，亦會引起凶作用力。

也有部份家庭將鞋櫃和盥洗室合爲一體，收放傢俱，此種情形，部份採櫃檯形式較好。另外，在盥洗室設有鏡子者更好。

大型鞋櫃，運氣上來說是爲大吉，然而卻有少許的愛慕虛榮。接近天花板的鞋櫃，儘可能不用較好。或者公寓固定式的鞋櫃，每逢季節更換時即更換鞋子等物。

材質方面，以木製品較好。表面上塗裝有類似玻璃的不自然物，不太合宜。

另外，空間方面，能夠收納鞋子採立姿，上面並能放置漂亮燒烤製品當裝飾。

鞋櫃上的花，招來幸福。但是花瓶下必須擺放蕾絲當墊底。

擺飾插花時，白花招來財運。黃花招來戀愛運。另外粉紅色花招來良好人際關係。家中經常有當季鮮花當擺飾，必定招來幸運。

儘量避免味道濃厚的花。心靈寂寞者，其家中經常可見茉莉花當擺飾。最近的人造花都做得相當漂亮，可是人造花無法令人感動。

放置「備前燒壺」也不錯。放置「有田燒」的壺具或陶製品的家庭，其人際關係必轉好，增加國際觀。特別是龍像畫成或陶板，更是招好運的方法。

(2) 鞋

希望在營業方面加强的人，應持有三雙同廠牌同型的鞋子。而且，在運勢較差時，將這三雙鞋拿出放在玄關。

鞋拔子，多少帶點追求虛榮之意。缺乏鞋拔子的家，必是來客少的家，家中來客少亦很難招喚好運。

鞋櫃中，鞋子擺放雜亂無章，鞋臭味强的家庭，難以昌盛。但是，防臭劑也無須使用高價品，它反而會令人際關係惡化。

鞋子必須隨著春夏秋冬等季節更換。將不用的鞋子好好存放在其他地方，非常重要。涼鞋，儘可能不擺放玄關較好。

收拾鞋櫃可增加旅運。旅行時是離不開鞋子的。穿用橘色帶有花紋之物，會令旅運更好。連ＪR捷運也命名橘色卡名。

(3)圖畫、裝飾品

玄關牆壁上裝飾掛圖是爲好事。但是，宣傳用的海報等等，則不太適合。

玄關西側上，掛有紅墨畫的竹或山景圖都被認爲是好事，然而，這不過是迷信罷了。應避免較好。

圖畫，應配合玄關大小。過大之圖，則有愛慕虛榮之象。相反地，過小之圖，則變得消極。炫耀用的高價圖畫尚可，決不可使用破舊的繪畫。滿是灰塵的圖畫，會有人離家而去。

裝飾用者，以風景畫爲最佳。總之，以自己的喜好爲原則，喜歡山的人選用山形畫，喜好水之人裝飾河川圖畫，其家必有良緣眷顧。

玄關裡擺放標本是爲大凶，佛像等宗教物是爲凶。但是，擺放七福財神或大黑天之雕

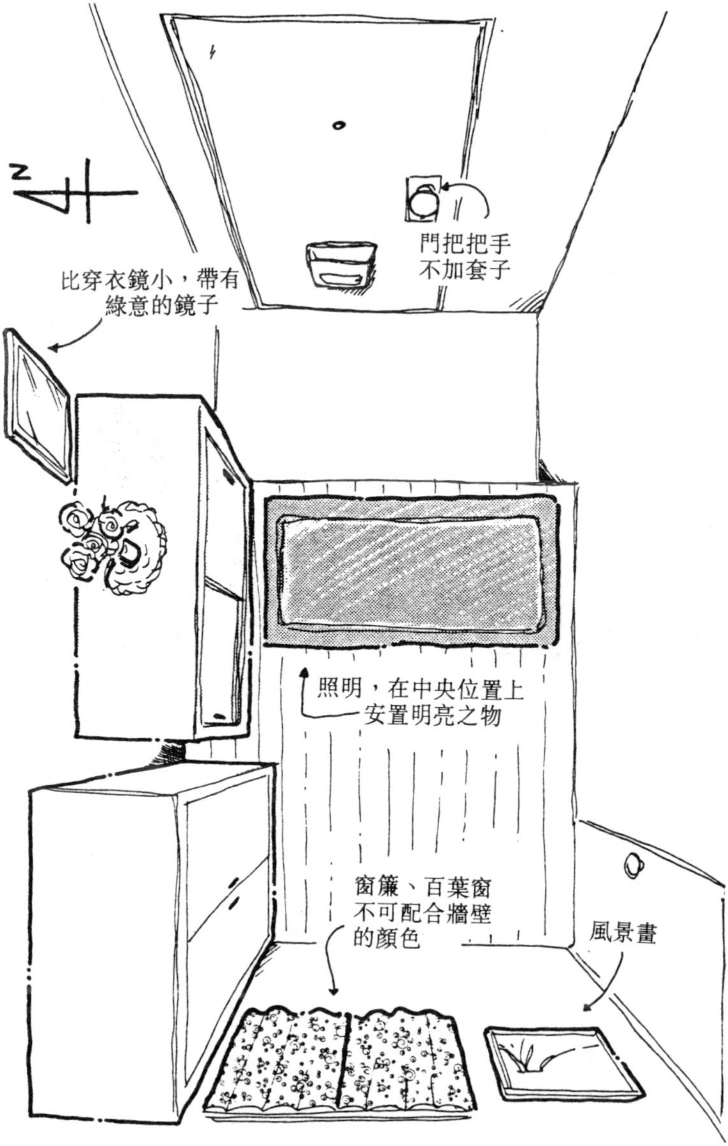
門把把手
不加套子
比穿衣鏡小，帶有
綠意的鏡子
照明，在中央位置上
安置明亮之物
窗簾、百葉窗
不可配合牆壁
的顏色
風景畫

像則爲大吉。

一般而言，雕像等裝飾品，最好不直接黏在牆上或地板上較好。

高爾夫球具或休閒用具隨意放置在玄關，工作運及事業運會下降。未曾設有置傘架的家，是爲凶。置傘架必放置玄關外之土上。

玄關方位，對家庭幸運度有極大影響。若是玄關有所忌諱處，裝飾白花可防範凶作用。玄關內側有所忌諱處，可以裝飾田園風景畫避邪。北玄關，採用明亮的花彩圖避邪。南玄關，採用觀葉植物。西北玄關，多拿出丈夫或男性的鞋子。拖鞋架不可缺少，拖鞋採茶色系。此外，正門裝飾花可招運。但是務必保持清潔美麗。

(4)照明、鏡、窗簾等等

絶對要避免玄關黑暗。不要忘了在天花板正中央安置照明器具。

自認不走運的人，不妨在玄關處安裝新的照明器具，應可簡單地令運氣上升。

空有電燈支架的家庭，重要時刻運氣往往會逃脫。特別易有友人背叛自己之事發生。

玄關入口左側安裝鏡子的家庭，不受金錢支配，但卻大都是小氣之人。右側有鏡子的家庭，社會上的名譽、地位會上升、人際關係轉好。金錢收支起伏雖大，但受衆人喜愛。

但是，鏡上不可有指紋或灰塵，另外也不可安裝穿衣鏡般大小的鏡子。必定引起人際關係上的糾紛。玄關的鏡子必須使用比穿衣鏡還小的鏡子，而且隨時保持乾淨。另外，其他關連物品也很重要。空有玻璃鏡，反而會令運勢下降。

窗簾或百葉窗，不可使用極端顏色。玄門最好是和誰都能協調。小窗，有一點必須注意，即是採用果斷顏色較好。三十歲左右有利情人，四十歲後則是女運、男運都大爲轉好。

選用配合牆壁顏色的百葉窗、窗簾，人生沒有大勝大敗。使用紅色系，是尋求變化之人。

綠色系統的使用者，對家懷有夢想與希望。使用搶眼顏色之人，是爲强烈追求戀愛運上升之人。

玄關裡不能久放中元或歲末的賀禮。另外，放置自行車或三輪車在狹窄的玄關內部，難以有好運。至少每天一回將其放置門外，令玄關內部寬廣些。

拖鞋架，不可放置在窄小的玄關裡。玄關地毯喜好採用無花樣的高級物品者，易遭小偷光顧。特別是玄關有忌諱處，不可鋪有地毯。

書　房

尋求事業成功之人，必須擁有書房。

設立書房的方位，西北最利安定，但是卻有許多事難以如預料般。此種情形，任何地方皆可，擺下書桌即可構成書房。有降職之虞或不想調勤之人應將書房設於西北。希望受到上司賞識之人亦是同樣情形。

(1) 書桌

書桌請朝北。北向書桌應可替你帶來冷靜的判斷。桌上擺放時鐘，若是收到的禮物時鐘更好。

書桌本身，儘可能採用木質大型物。不可採用石製品。外表的塗飾，以能夠發出光澤爲原則。兩邊也必須附有抽屜。務必選用此類書桌。

書桌中央最好能插上一朵花當裝飾。這可增加向學之心。替小孩購買書桌時，儘可能選用優良物品。而且朝北擺放使其專心求學。

(2)椅子

椅子和書桌一樣，以大爲原則。皮面椅最好，其次布面椅。請勿選用耀眼的金屬製品。未附有腳輪的椅子較好，若附有腳輪，則需注意樓下或周遭對其發出聲響的反應。

顏色採茶色系。應避免使用藍色系。（但是，小孩或學生則無妨）

(3)窗、窗簾

書房之窗以小爲原則。特別是，北側大窗是爲凶，應力求避免。面對書桌之向，左側有窗爲最好，若無窗，只要有通氣口即可。若是光線昏暗，可借助檯燈之光安定情緒。

窗簾一定要使用布和蕾絲雙重合製。

窗簾顏色過濃是爲凶。從事技術或研究工作之人，應採用淺灰黃色系或綠色系。業務人員，藍色系會令其工作運上升。

條紋式的窗簾，令人無法久待書房裡。

自己所喜歡的檯燈裡，放入照片亦可。牆上若有空間亦可掛上小幅圖畫。煙灰缸或筆筒裡，應是你的興趣空間。切勿將紀念品亂七八糟堆放在其中。

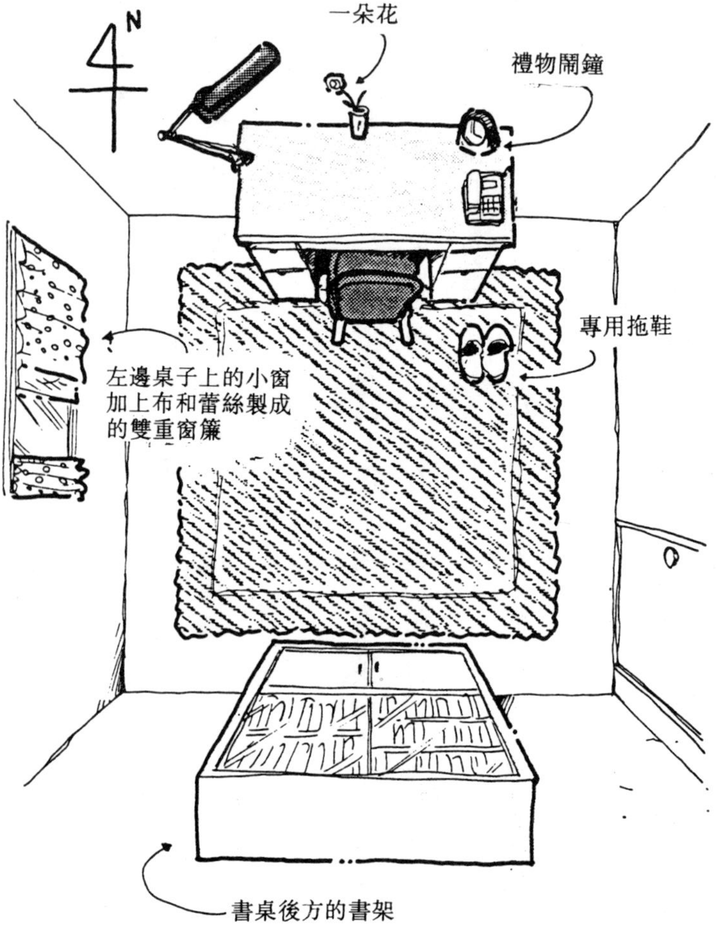
N
一朵花
禮物鬧鐘
專用拖鞋
左邊桌子上的小窗
加上布和蕾絲製成
的雙重窗簾
書桌後方的書架

⑷照明

照明方面，天花板中央必須安置一盞燈。

書桌前的書架下若安裝日光燈，在書房內的工作必定進展順利。

檯燈對於書寫之人是爲重要物，不可使用孩子氣太重的東西。

⑸地板

地板以本質茶色系最好。地板上鋪有地毯時，因擺放過多書本，必有蝨子等物。但若是爲了消除雜音才鋪東西在中央地板上則無妨。

作爲引起幹勁的空間，應避免使用灰色系地毯。

書房的冷暖氣過强時是爲凶。冬天裡，只要能保暖即可。

⑹其他

書房整體的擺設，以褐色爲主。深褐色系統，可令整個書房成爲成功的開端。

書本不可放在書桌正面。書桌正前方擺放太多書本之人，難以在書房久待。會令人分不清左右側。最好的擺法是將書放在背後。將書本排於背後，這個書房會孕育出成功之人。書房裡必定要放些有關自己興趣的書籍。

另外，準備個人專用拖鞋較好。

書房也需上鎖。書房是屬於個人財產。因而務必擁有專用無線電話。對主婦而言，個人空間的家事室是爲必需。

在這個個人空間裡，最起碼也得要擺放一個桌子，桌子大小、規格都無所謂。最好也能擺放電話、傳真機、書架、日記簿等物。

住在公寓中之人，廚房中的餐桌旁，最好能放置一個抽屜的寫字檯。桌子、寫字檯上必須放有檯燈。請儘可能採用新式樣的東西。粗壯木質的寫字檯，會令人的幸運度更上升。

最後有關被爐，即使是夏天也不可選用書桌或餐桌共用之物，成功之運起起落落。應該配合四季，決定該拿進拿出什麼東西。一年到頭都使用被爐者，難以有良好工作運。最好不買內附麻將台的桌子，易有人際關係之困擾，友人背叛自己等事。

第二章

實現願望因目的之不同有不同的格局方法

人生在世，會擁有各種希望與目的。爲達成這些願望需借助各種努力。

在這部份，根據序章及第一章所提的事情，達成你的願望。而且介紹如何使願望成真之方法。

不受金錢困擾

雖非極富，擁有最起碼供應人生必需的寬裕，他人眼中的你，相當悠閒、享受旅行及休閒之樂，過著足以和他人論長短的生活。

另外，即使大公司的董事長，雖未擔任重要工作，金錢卻總是尾隨其後。金錢方面有所拮据之人也無法借貸。金運是不可思議之物，經濟困難之人再怎麼焦躁也無用。然而，若是室內擺設合宜，令人喜愛又憎惡的金運，必難逃脱你左右。

西日無法直接射入的西方位房屋

金運雖喜愛西日，然而此西日，稍一不留神即令人失去勤勞之心只追求快樂。金錢方面困難的人，若仍是整日遊盪，此後人生必定暗淡無光。應充分理解此點，家庭全體成員協力考慮擺設的問題。雖說過金運喜歡西日，然而與其過度曬西日，還不如西日不直射的房屋受金運眷顧來得多。假若你家是西方位的房屋，請按照如下方法調整擺設及傢俱的格局。

正西方有大窗時，窗簾、百葉窗顏色更新淺灰褐色或茶色爲宜。避免採用線條之物。西南側也有窗户時，來自大窗的太陽之氣，會令人失去工作意願，窗的兩側應放置收納用的傢俱。如果，無法擺下傢俱，則將照明器具往西南側大窗旁移動。或設置立式檯燈亦可，開紅花的盆景（比方說夏季則是木槿樹植物）亦可。

總之，大窗，若是西南側能源不足時易產生偷懶之人。

前面所提事項皆齊備後，西側房間則作起居室使用。

淺灰褐色的牆壁配皮面椅子

內裝方面，地板材質採檜木、枹、松木等。顏色以深褐色爲宜。若需要中心地毯，則以淺灰褐色系爲宜，但是務必選用長毛物。

牆壁，塗裝灰泥或粉刷，表面用水泥抹子修飾或吹黏修飾。

天花板使用具有吸音效果材質較好，板材地基用布材亦可。

牆壁和天花板採茶色系，總之，可說淺灰褐色系即表示吉。

天花板上，與其採用直射燈，不如起居室桌子正方安裝吊燈。天花板西側及西南側埋設倒掛燈，也可以立式檯燈代替。若有圓球型簡單造型之物，別忘了在牆角檯上擺上相同造型的檯燈。

中央桌的材質以大理石最佳。其次是木質。不可使用玻璃及不鏽鋼的桌子。若是一定要使用玻璃桌，可放置在角落使用，此種情形，別忘了擺放觀葉植物。

沙發或椅子，使用皮面椅。人工皮革，力量不足。顏色方面仍是茶色系。綠色系亦可，但是有大錢進大錢出的傾向。綠色皮革物，桌子必須修飾有木之光質。增加陽氣，可壓抑金錢流出。雖然有相當多的黑色椅，儘可能還是根據時期，使用茶色系。皮革物品以外，比方說布椅或籐椅，椅墊或靠背的素材使用暖色系或帶有花樣之物。

電視或音響等物，黑色雖好，但是需放在房屋的東側或東南側，其上掛個壁鐘。鐘若有木框，其文字以阿拉伯數字者較好。顏色則紅色或黃色。

餐具架採經過木製木紋修飾之物。玻璃門的部份以雕花玻璃，拉手以金屬物較好。西氣和傢俱的金屬性較合。餐具以不放入過多爲原則。但是務必置放一組歐製餐具，特別是德製品或法製品。

房間稍微弄暗一些較好。過於明亮的家庭難以有積蓄。

和室的室內擺設

西邊房間是和室房間時，如此的室內格局已十分有力。窗上雖必須安上紙屏障，但是，重要的是之後家人應儘量使用該房間，壁龕和書房必須相連。壁龕上掛上山水墨畫。西氣和中國山水畫陰陽相配。

其次是桌台，有大木年輪形，變形物，難測氣之强弱，運勢會下降。相反地代表輪島塗物等，鑲有泥金畫的高級塗漆物較好。

坐墊，需依季節更換。冬天是正絲綢物，色系是藍色系或綠色系。夏天一定要麻製品的坐墊。

槅扇，儘可能用無花紋的小島紙，拉手以桑木製。儘可能避免金屬製品。不得已時，一定要用圓形金屬物。

壁櫥，以不附有天袋之正式物品較好。

草墊的布邊是茶色系。

天花板是杉木板。若是純正的杉木板更好，然而現今已很難找到。

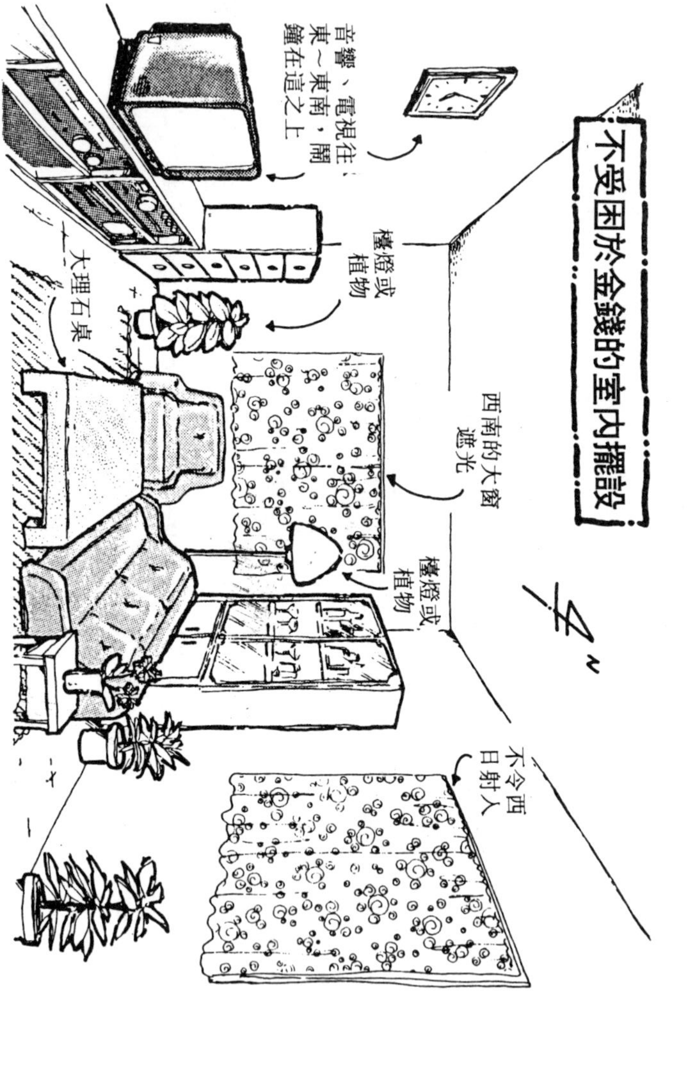
不要困於金錢的室內擺設
音響、電視往東～東南，鬧鐘在這之上
檯燈或植物
大理石桌
西南的大窗遮光
檯燈或植物
不令西日射入

照明也採四角木紋框之物較好。若想修整，吊燈亦無妨。

壁龕若缺少即是問題所在。此種情形，西側牆壁部份，釘入鉤頭釘，掛吊小畫軸。而且，保持牆壁的清潔，草墊的布邊是茶色。別忘了在掛圖下擺三盆松木盆栽。松木代表陽木，和西側力量結合掛圖之力，能更增加其能源。不可放置加有水在其中的花瓶。

這個房間可兼作寢室用。但需將頭部朝西側而眠。但是，枕邊置有水或壺之物時，不僅趕走金運，異性方面也有可能前功盡棄，這點須注意。

也許會認爲室內擺設很花錢，然而一想到十年左右豐裕生活的到來，現在的投資是非常值得的。

創造財運

再怎麼努力積存薪水，仍是有限。買不起外國名車，更別說買房子了。況且，又沒有特別才能……。但是，只要室內擺設合宜，應是可以爲你創造財運成爲有錢人。財運，以寢室的中心爲基點，在八方位上的室內擺設陰陽若完美合宜，財運必會迅速上升，甚而到你不再需要它的地步。

寢室，儘可能是十六帖左右的寬廣房間。而且鋪蓋被褥等鋪在房間中心上，人睡在這中心點上。草墊上做個記號，每日好好地將蓋被放在同一地方。而且根據鋪蓋被褥地點，決定其他方位的擺設。

◎北→放金庫。存款簿或印鑑、股票債券、寶石等財產，須放入大型的耐火金庫中。金庫的外觀，彷彿是木製的收藏傢俱。上面不可放置電視或書本等物。

◎東北→若有窗，關上木板門窗，安上淡淺灰褐色窗簾。牆壁，擺上書架或收藏用傢俱，並保持不沾灰塵。

◎東→放置電視或音響，以朝陽能入房且有窗之房間較好。若無，牆上掛時鐘，音響加上揚聲器設備。

◎東南→側桌上擺放電話或電腦等物。擺椅子，桌子以花當裝飾。房間以有入口爲宜。

◎南→會吹風進來之窗，以不大爲宜。窗户兩旁擺上盆栽。香蕉樹或咖啡木等陰木較好。若無窗，則掛上夏日風景的油畫。

◎西南→無窗較好。若有窗，掛上黑色或灰色等深色窗簾。衣櫥或衣櫃擺東方朝門之方向。

招財運的室内擺設

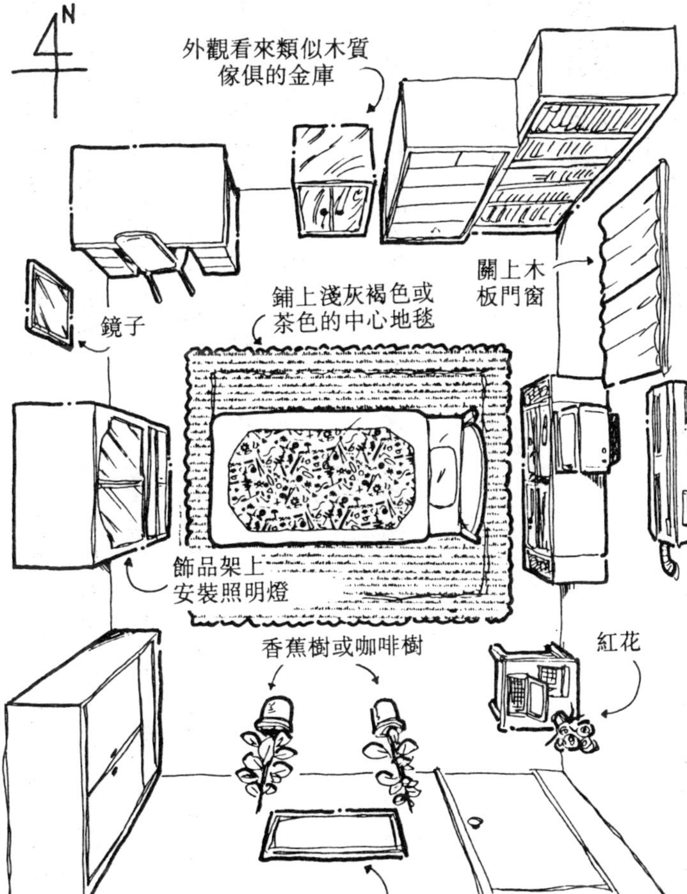
N
外觀看來類似木質
傢俱的金庫
關上木
板門窗
鋪上淺灰褐色或
茶色的中心地毯
鏡子
飾品架上
安裝照明燈
香蕉樹或咖啡樹
紅花
若是無窗則裝飾
夏天風景畫

◎西↓無窗，有壁龕或櫥櫃等物盛放高級茶具或金屬品、繪畫等。用聚光燈照明。

◎西北↓擺放個人專用的木製大桌。椅子旁設穿衣鏡，若無桌子，整理儀容用之器具亦可（東氣對此方位合適，以美製傢俱爲宜）。安裝檯燈或照明亮用之照明燈。

地板材質，枹材或布納橡膠材。床下鋪設淺灰褐色或焦茶色、綠色系。

牆壁上塗抹灰泥而且貼上布質壁紙。最好使用厚度、雲形地模樣。一般是淺灰黃色。

天花板有二·八公尺以上的高度時，地板需弄平。

吊燈，在八方位上包圍中央照明。

冷氣，自東側吹出。

寢具必須每日弄乾。睡衣等必須清洗潔淨後穿用。回家後，九時之前入浴、十一時熄燈上床。

順帶一提，夫婦須在各自的吉方位上就寢。

增加不動產運

若能利用不動產來賺錢是最好。但若是努力後，在尚未買房子之前，一定有人想租住高級公寓。不動產，不僅花錢而且若與不動產無緣，不論多有錢，也不能擁有不動產。能擁有良好不動產之人，說得更清楚一些，是因受介紹人之惠，金額和時期都吻合之故。因此在此，提供給想從事不動產之人或想換屋之人正確、合適的忠告。

土地運是來自西南、西北、東三方位

首先，尋找土地之人。土地良緣在您居所的西南、西北及東方。這三方位上若有玄關或廚房、浴室、化妝室等處時，需要調整室內格局擺設。

東方，情報及土地活用的好計劃。西南，不動產的根，特別是大地之氣的作用。西北是，全家住於此土地上，是否能受幸運之神眷顧的全體運。這三個方位的相乘作用，能夠令借貸款平安歸還及維護這期間的健康。

東方位務必讓小孩或年輕人使用。LD等位於東方時，飯桌東側放置小孩的椅子，如此一來，即成了背後方。電視等物則放東側。藍色系與東之氣相合，但由於係特意將陽氣移往陰處，因此，用時必須淡化顏色。窗户保持敞開狀態，通風良好，朝陽能射入，可令小孩早起。玄關若於東側更好。

西南，不可有大窗，若有，必須隨時以窗簾等物遮蓋。主婦可於此收拾洗滌物、或掛

增加不動產運的室內擺設

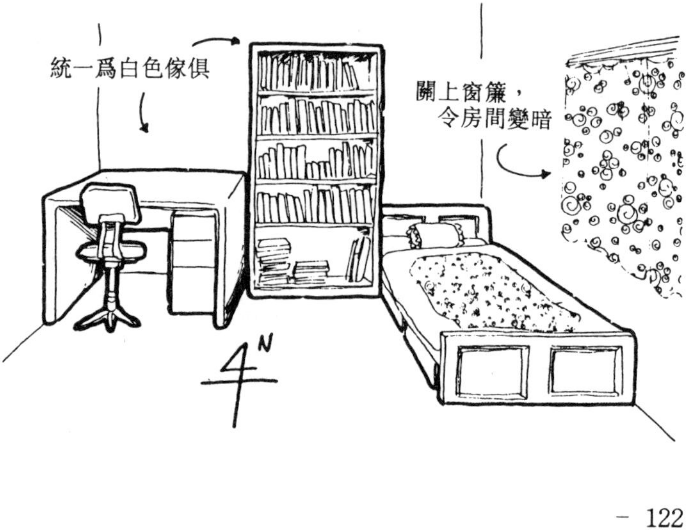

上家計簿。若是和室只使用西南側的房間，可增加不動產運。若此方位是化妝室、浴室、廚房等水場時，可說是毫無不動產運。更換黃色或白色室內擺設品，浴缸內的水於使用後，必定流淨，化妝室需注意防臭及拖鞋的更換清潔。廚房若和餐廳分開則無妨，若是合一，希望你餐具餐桌能多花些錢。朴樹材更好。

西北若是玄關或廚房，不會有不動產的良緣。若是玄關，則需擺畫及盆栽（爲增加陽氣，請參照序文）。若是廚房，顏色則以茶色系、淺灰褐色系爲主，不可使用過份艷麗顏色。讓餐桌朝西側擺，電視等往東側。丈夫座西側，太太座北側，小孩令其座於東或南側。時鐘則擺在東方牆壁上。報紙或雜誌等收拾於南側。

總之，充分地收納東及西南及西北之氣，可增加和土地間的陰陽特性。

用西北、西南、東北的運氣蓋一戶房子

想有獨門獨户或公寓之良緣，一定要利用西北、西南及東北方位的運氣當後背。西北及西南是土地之處，但是，若東北方位上有化妝室、淨化槽或垃圾捨棄場等場所，則和建物運無緣。總之，有可能令自己遭受連續挫折。

首先，需徹底清除乾淨。甚至，用清酒清洗，小皿上盛放鹽等。每天盛放一撮鹽，次

日交換時在外部捲起洗淨。化妝室外部較好。化妝室裡的物品。以純白色爲主。一旦有異色出現即是污垢，需注意隨時保持乾淨。

此外，若其他房間中使用東北方位時，窗户不能開太大。相反地，利用外面的木板門窗或厚窗簾遮光，令其更暗。若是和室關上拉門，用花當作裝飾，可當客房或男子房間皆可。西式房間，儘可能白色傢俱，不混雜，令其看起來清爽舒暢。避免放置被爐做飯廳用途，大聲吵鬧等與其陰陽不搭配。

只要能遵守上述事項，高級公寓或透天厝皆垂手可得。

借貸運由東北線決定

有關借貸運等，其變化運非常重要。作爲寢室的房間，其東北~西南的東北~東北内側線不可污穢骯髒。寢室之東北線若是衛浴間、廚房等地，則無法更換新居之運。該如何開運呢?此點上若有窗户，需保持窗户清潔並掛上窗簾或百葉窗。東北採白色或淺灰褐色，西南採灰色、茶色或是黃色系。

地板、牆壁等地也必須保持清潔，儘可能將火爐或鍋碗都更新。拖鞋也更換爲稍高級拖鞋。花或年輕女性的海報、圖畫等物雖可做裝飾，但必須自覺，遷移運會降落。

再者，除此之外的人，可利用花木盆栽當裝飾用。若將電視或電氣製品置於東北線上，特別的好運亦會流失，此點請注意。

賽馬方面增強之法

賽馬大流行。而且，麻將熱仍是風行如往常，小鋼珠熱也是歷久不衰。賭博與學歷、教養都無關係，人類的本性求勝負罷了。

賽馬知識若不行，會被視爲傻瓜。雖說是流行，仍是在於買馬券享其樂趣罷了，人人都希望能贏彩金，因而造成風行。而且，賭贏反而造成其賭癖，希望下次能得更高彩金或連續再中。

賽馬運三方位

賽馬得勝之擺設。最重要是寢室的西北、南、西南三方位。

西北方位，冷靜，特別是和高額獎金之賽跑，陰陽相配，尤其是五大賽馬會時，作用更强。

南方位，決斷力和閃光。賽馬有其不可或缺之方位力，若處理錯誤，直覺就落空、白忙一場。水槽中飼養熱帶魚者，由於這和南方之力有反作用，須特別注意。

西南，賽馬時即使只差之毫釐，亦表示敗。這個方位上，不誤最後時機，途中不致亂了方針，有其貫徹王道之力。

在這方位上，有大窗，內裝上設有灰色系窗簾之人，機運應是不錯。以連複馬卷為主流的日本賽馬，不可或缺西南之氣。將來，更是賽馬連勝的主流。

傢俱黑白分明

首先，這三方位若有窗户，氣無法集中，必須加上綠色系的窗簾。特別是西南方的窗會降低賽馬之力。床，以靠近窗邊、頭朝窗爲宜。南窗之情形，則以南枕而眠。床罩以綠色系較好。側桌、籐製桌、玻璃桌面。無線電話機黑色。床，不論側面或正面，都儘可能以不見樹紋爲原則。地板若是石子料更好。若只鋪有地毯，務必採淺灰褐色系。

西北，黑白搭配的桌子。最好不要太大，但是至少要放得下花瓶、檯燈及賽馬報紙可以攤開爲原則。幅度九十公分以下者，力量不足。桌子不能兼作個人電腦用的桌子。個人電腦必須放在桌子左側。椅子的輪子數五個較好（奇數爲吉）。椅子亦是採黑白色。西南

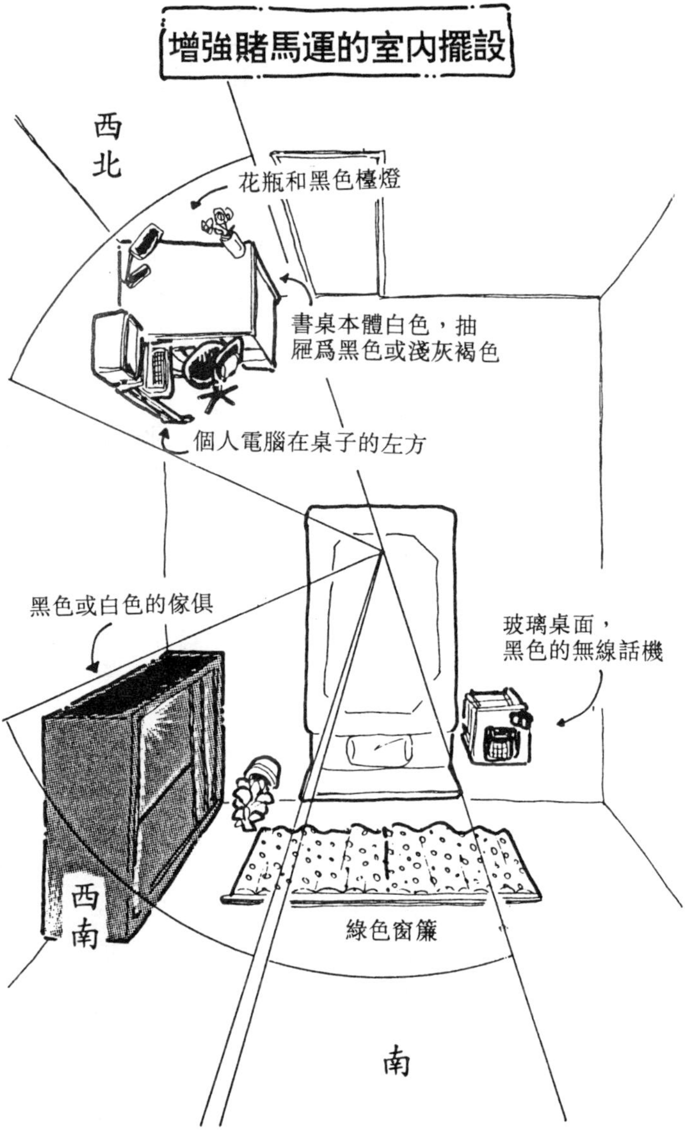
增強賭馬運的室內擺設
西北
花瓶和黑色檯燈
書桌本體白色，抽
屜爲黑色或淺灰褐色
個人電腦在桌子的左方
黑色或白色的傢俱
玻璃桌面，
黑色的無線話機
綠色窗簾
西南
南

是衣櫥或衣櫃。不論黑或白務必顏色要統一。總之，黑白分明非常重要。

這個方位上，必須裝飾海報或繪畫圖。和情人的合照照片或喜歡的明星海報也可以。鏡子之前，散放化妝品或乾燥劑，會使運勢下落。桌子的插花以白花爲佳。但是如梔子花般香味强烈的花及盆栽則不可放置桌子上。床邊可放置籐桌，桌中以花樣圖形者較佳。音響、電視等物，放在東南，頭朝西北側擺放。

籤運急速上升

彩券或抽籤等，有許多人不曾中過，曾中獎之人，可能是高級的自行車，或是回家途中抽中關島旅行的摸彩。若買彩券，不論好壞，至少有投資金額的十倍以上的獎金，而且也不會有中尾獎的小氣中獎法。

在這些强運的人之中，其擺設是有秘訣的。

運（特別是彩券或摸彩），最討厭灰色。强運之人決不使用灰色的室內擺設素材。地毯、窗簾、電氣製品、拖鞋等，須使用綠色或暗紫紅色。另外，必須放入一個較顯眼顏色，如粉紅或橘色之物。

請參見下頁圖。若你的房間是六帖以上，利用此種擺設一定中彩券。床，放西～西南方以北枕而眠。床的大小最好採用比小號雙人床還大的。枕頭套或棉被使用粉紅、橘色等搶眼色系。雙人房的情形，若是男性想中彩券，最好靠牆而眠。床的高度雖然低一點較好，但是下方若有抽屜，須將彩券裝入信封，放在床下抽屜中（不可放在神壇、佛壇的抽屜中）。

東側上若有凸出的窗或窗户，必須將音響或電視放置在這附近。也可放置立式落地燈。東之氣和電氣有相乘的效果，有決斷之力量。若無窗，可貼上年輕男性（男性的房間亦同樣）笑臉的海報或演唱會的海報，紅玫瑰繪圖等。

南方若有陽台最好，但若放置洗衣機則不太適合。陽台的排水不良或花草盆栽不清潔時，彩券之運會隨之消失。陽光照射較强之處放置盆栽，需清掃乾淨。窗户採用綠色系的窗簾。無窗的情形，放置二株觀葉植物。能結紅色果實之植物最好，最好能裝上一兩顆假的蘋果。

地毯、壁紙等，綠色系雖好，但若整體格局無法改變時，地毯、拖鞋、中心地毯等須採用綠色系。西南位置上苔綠或綠色，放置玻璃能發光的書櫃、餐具櫥等物。櫥櫃或鏡子等物，朝東放西南位。

籤運急速上升的室內擺設

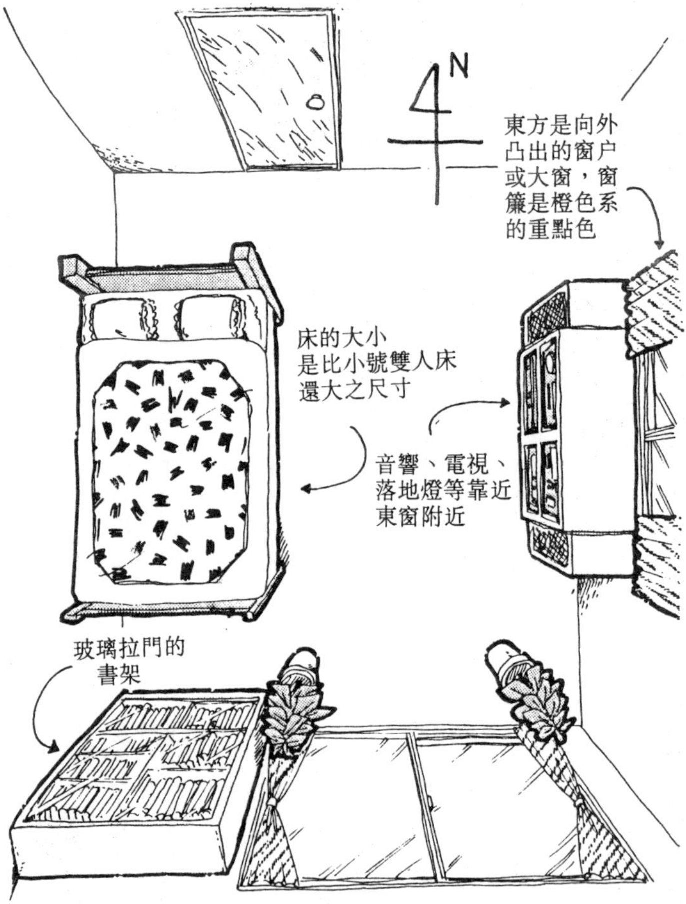

南，直覺靈敏。西南，可遏止火氣及焦躁之心。

發揮潛能

想必很多人苦惱自己爲何沒有多些才能吧。自己本身置之不理，卻驚訝自己的子女、配偶毫無才能，身爲人母人父或配偶者，總是想盡辦法希望至少能找出一個才能。

無論是哪一種情形，無論是誰，一定擁有一至兩個才能。以往不怎麼出色之人突然有顯著的進步，開始發揮才能，這必是更改或轉移建築之力。不經意地，搬入可以發揮才能之地，這真是相當幸運。爲此煩惱之人，可得注意囉！

可發揮潛能的室內擺設地方是玄關、起居室、餐廳等。

營業或企劃等才能是，有朝陽照射的玄關及陽光視線良好的ＬＤ，但是若室內擺設不良，也會埋沒其才能。

玄關，鞋櫃非常重要。大小以大鞋櫃最適合。鞋子的容納數，就彷如自己的企劃數。最好能放人設計新穎的鞋子。竹度或網狀等奇異鞋子不可放入其中。若是和式玄關，最好能用松木杉木中西合壁之物。容納量，最少也得三十雙以上的空間。喜歡純白傢俱的人，鞋櫃、衣櫃的門都可用白色，但是地板必須使用鋪地材料。若鋪上地毯，來自地下之氣不足，太陽之陽氣和大地之陰氣會造成陰陽不協調。此種情形，務必使用茶色系。

再者，牆壁最好能加上隔板，若是布系則使用布質素材。灰色或藍色會將積極的才能崩壞，這是務必注意的地方。

照明方面，不能只在牆上架設投射燈，天花板上也務必架設。天花板和牆壁儘可能採用相同材質。窗户以能通風爲宜，但是一定要安裝窗簾。玄關上白花瓶裡插上三棵紅玫瑰。紅白是瞬間的閃光，三棵之意是爲了不錯過運之開啓。

ＬＤ的一面牆作收藏用途

ＬＤ若明亮，採用布的沙發組。中心桌子最好採用木製品。若無Ｌ（客廳），只有Ｄ（餐廳）亦可。此種情形，四人以上則不能使用圓形桌。年輕夫婦使用圓形桌，不論其夫婦關係多麼良好，都無法發揮二人的才能。

與其使用藍色系，不如使用綠色系或茶色系、淺灰褐色系較適合。電視機等物儘可能不直接曝露在外，儘可能將電視、音響、喇叭、書籍、飾品等物收拾於乾淨的傢俱櫥櫃中。

窗簾、窗户尺寸較大時，與地板顏色相配合採濃色系（由於大窗之能源不足，因此用濃色系幫助壓抑）。室内擺設若平衡感不良，在大窗旁擺置植物。

總之，企劃或營業等才能，必須有日照良好的玄關及起居室等才能幫助發揮，此點務必理解在心。與其使用黑色系收藏式傢俱，不如使用茶色系來得適合。

淡色系發揮會計才能

日照西日，或者没有日照的玄關，ＬＤ等地日照不良之情形，在會計領域裡得以發揮才能。可以考慮參加會計師考試。甚至可以改革會計系統，減少無謂的浪費。也有電腦的處理能力。

玄關整體以使用淡色系爲宜。地板、牆壁、天花板等地的模糊色調，是爲發揮才能之色系。地板、地毯、牆壁、天花板等處貼有布質材質。鞋櫃或衣櫥也儘可能使用同樣淡色系。玄關裡可裝飾白花或白布蕾絲，以白色爲基調的圖畫等亦可。森林或湖泊等畫也能發揮才能。

ＬＤ裡的地板、牆壁、天花板等地，雖鼓勵採用同色的淡色系，傢俱方面則儘可能新潮時髦。餐桌等採用松木質地塗裝，白色椅子加上橘色或花樣的椅背。熱水瓶或烤麵色機

發揮潛能的室內擺設（營業、企劃等能力）

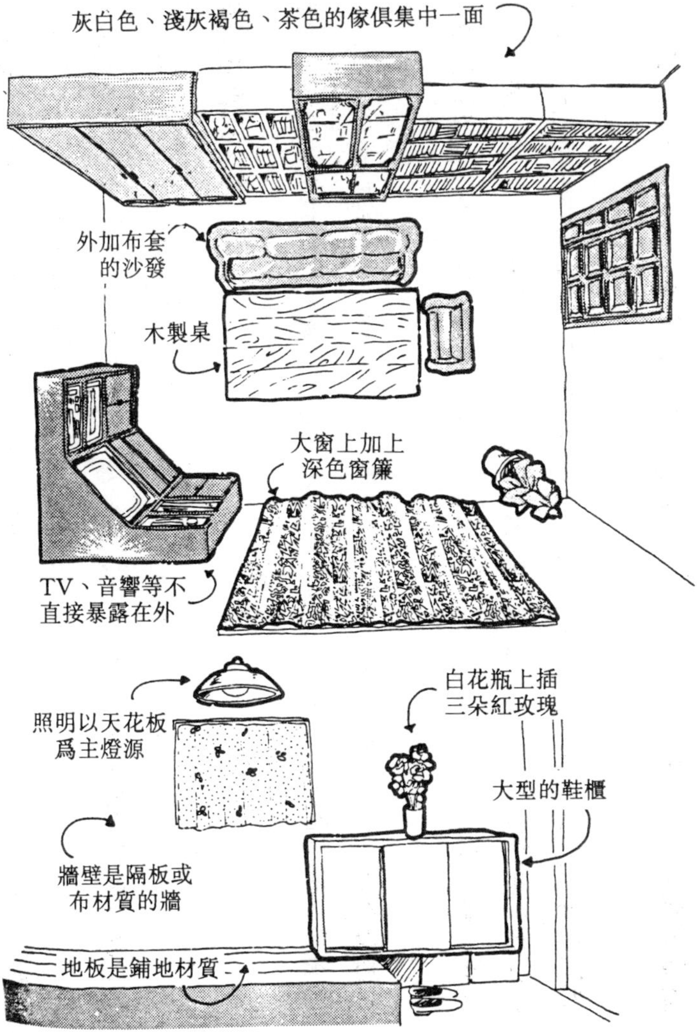

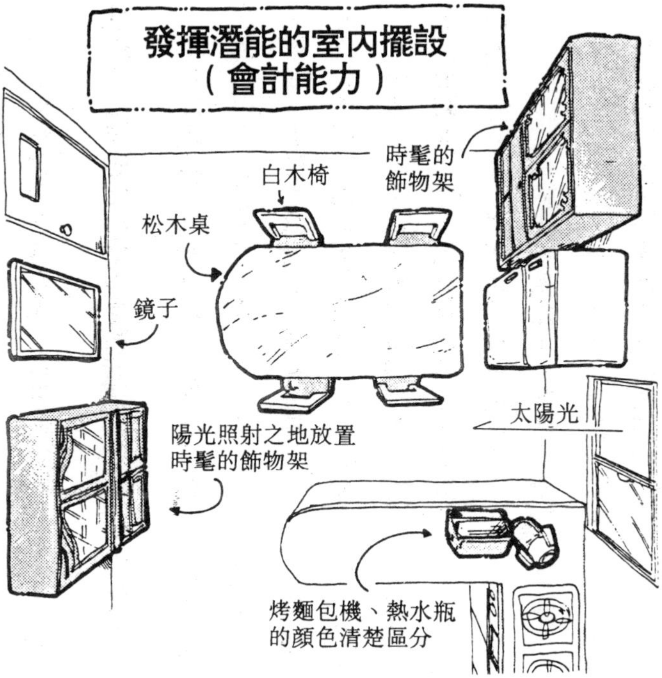
發揮潛能的室內擺設
（會計能力）
時髦的
飾物架
白木椅
松木桌
鏡子
太陽光
陽光照射之地放置
時髦的飾物架
烤麵包機、熱水瓶
的顏色清楚區分

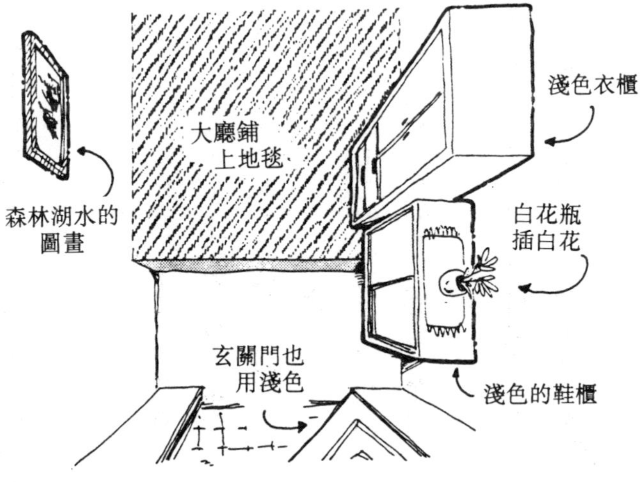
淺色衣櫃
大廳鋪
上地毯
森林湖水的
圖畫
白花瓶
插白花
玄關門也
用淺色
淺色的鞋櫃

等，採用紅或綠等顯眼色系較好。餐具食器方面，儘量採用高級品。使三餐更加美味有助於你才能的發揮。餐具架，最好正面能受到陽光照射。別忘了在ＬＤ西側安裝鏡子。

藝術、運動等能力自乾淨的ＬＤ處衍生

ＬＤ處的日照若良好，會埋沒了音樂或繪畫等藝術才能。爲了喚醒這些才能，必須將玄關照明弄得更明亮。安裝上鏡子，黃色或藍色等漂亮的室內飾物或花、圖畫等也一併裝上較好。若任意放置鞋子曝露於外，相反地會成爲音痴、畫圖笨拙之人，因此務必將玄關處的鞋子好好地清潔妥當。若在玄關放置植物，必須放置一個接近天花板的高物。

原本無視天花板高度或寬度反而有助於能源運作，雖有凶力作用，但由於藝術或運動等需要瞬間之力，因此反向的運氣也很重要。但是，一旦沾染污物（如鞋子的擺放、拿出間的污泥），則必須注意凶意的出現。

ＬＤ，一定要整理乾淨。食器或報紙、雜誌、服裝等若雜亂放置，大都成爲懶惰之人。在日射良好的場所中，移動桌子、將電視或音響等物移往北側。窗簾以直條紋之物爲宜。ＬＤ處請裝飾時髦氣派的花或圖畫。

放置各式各樣之物雖好，但是，不談論整體平衡，及灰塵或污穢是最忌諱的。必須用

心清掃。

不為人生的大變化而迷惘

人生中的變化有時來得突然。本人若稍有自覺而早有防備最好。事情發生後，才想到那時……等後悔莫及的事最令人討厭。

想擁有平穩的人生，目前站在交叉路上的人，爲了令其不要有任何差錯，在此傳授其室內擺設。

東南、西南、西等三方位守住現有的幸福

「持續現今的幸福最好」，做如是想法的人，可說是非常幸福之人。但是，爲了維持現狀，通常是若不往上則下降。首先，人際關係及信用非常重要。而且健康及金錢方面都須注意。總之，陰陽平衡即能充分吸收能源，此事非常重要。

請看自宅的東南及西南、西方位。

東南是廚房或起居室、玄關。西南是客廳、西是客廳 或寢室時，每天都打掃清潔的

話，如今你正位於幸運高峰。擁有現今的幸福生活往下走吧，雖想如此說，然而事實光維持現狀是不行的。此後請遵照書中所寫，來更改室內擺設或房屋的使用。如此一來則可達成所望。

東南的房間，需通風良好。原本、日照良好者爲宜，因此不需窗簾或內裝採黑色系列。以能充分接受陽光的暖色系爲宜。傢俱方面也以輕快明亮爲原則，玻璃製或不鏽鋼者最適合。只是必須注意房中氣味，若是住宅臭味强則不行，「有所欠缺」也不行（建物本身或房間若是正方形，而非長方形，部份有凹進去之處，凹進去的幅度不足邊的三分之一，或者是其面積不到總面積三分之一）。最好是較其他部份高出（凸出）一些。裝飾上花朵圖畫或美麗的春夏風景畫，年輕女性的海報也可以。

西南，日照若太强可用百葉窗或窗簾等物遮蓋。爲了保持元氣，必須注意胃腸。這個方位可保護你的胃腸。太明亮或通風不良等都會成問題。但是，欠缺時，健康無法久長擁有，可在此位上放針葉狀植物，補充能源的下降。選擇較具安定感擺設物。傢俱以重厚物爲宜。因與厚質地之布的特性相合，故可選擇有質感的布質傢俱。

其次是西方位的房間。房間的照明採明亮，並且需防止西日强射屋內。曾經流行一時的水床，會造成夫婦不和、胡亂花錢、家庭破碎等事。房間中不可帶有水氣。若是插花花

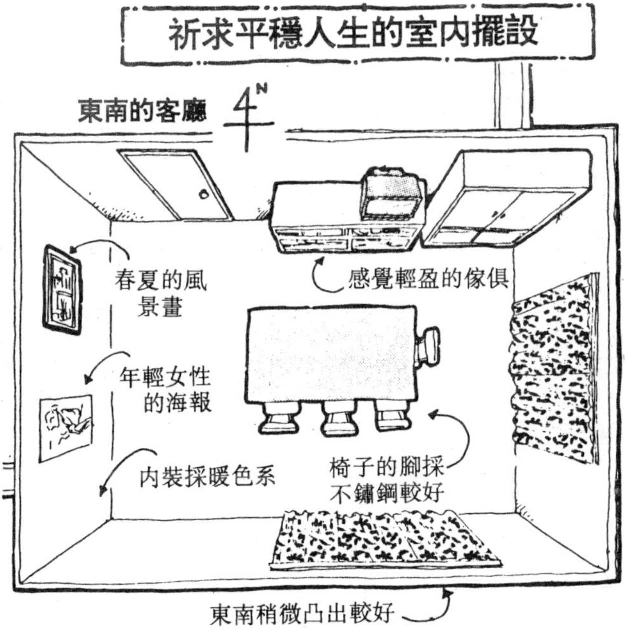
祈求平穩人生的室內擺設
東南的客廳
N
感覺輕盈的傢俱
春夏的風
景畫
年輕女性
的海報
內裝採暖色系
椅子的腳採
不鏽鋼較好
東南稍微凸出較好

西南的客廳
拉門或百葉
窗遮光
重厚的
衣櫃
重桌
布椅
N

瓶中的水量尚且無妨，放置飼養金魚或熱帶魚等的水槽則爲最凶。

西邊寢室，有其金運。西邊寢室可適用西枕、東、南、北等任一皆可。寢室中雖可放置植物，電視等物儘可能往南側放。

衛浴間、廚房與煩惱有關連

「現在就分手」或「想獨立了」或「想將前進之路擴大」「公司停止經營了吧」等等，正爲這些事務煩惱的人，爲了不做出錯誤的抉擇，可參考如下擺法。

首先，參考「序章」，吻合自己的生辰年月日及時間，改變寢室的室內擺設。

因思緒無法整理而感覺迷惘，是應該煩惱。這是因爲水的作用在室內未產生淨化功能。若位於北方氣污之家，家中是無法冷靜的。首先應檢查水道的水龍頭、衛浴間、洗衣機、洗臉台等地是否漏水或出水狀況不良。更進一步若能找出配管圖，確認地板下的配管是通往何處，在此配管上，若置有椅子、床舖等物，就是造成現今煩惱的原因。查不出原因的病或身體狀況的惡化，亦都是這個原因造成的。請立刻將床或傢俱移開。之後才考慮其他事項。

請檢查衛浴間。若是位於東北或北、西南位上，這是造成煩惱的原因。若是東北，容易發生事故或判斷錯誤等事，工作方面的煩惱愈增，總是爲籌錢而苦惱。這些苦惱，只要清理衛浴間、裝飾上山岳之圖，擺設以白爲主體，即可解決苦惱。衛浴間在北方的情形，會神經質地爲人際關係而苦惱，家族也會破碎不完整、夫妻離異。最好加上粉紅色或橘色的花，把通風弄好。若是因爲冷而將電熱爐帶進衛浴間，同樣地，煩惱會升上你心頭的。

衛浴間在西南，易產生健康不安、家族不和、缺乏衝勁、厭惡工作等想法。只要確保通風良好、日照稍微用百葉窗稍加遮光即可。用黃色圖畫或傢俱飾品美化。此後應會出現好兆頭。

其次是廚房。

若位於東北，因爭吵或人際關係、親子關係煩惱卻尋不到答案吧。廚房是使用水及火的場所。水及火都缺乏能源。廚房欠缺東北之氣，清掃洗滌槽或爐灶、抽油煙機等若是油污黏得牆壁都是時，更應該徹底的清掃乾淨。傢俱也斷然地換爲白色系或木質明亮物。而且放置白花或觀葉植物等東西，爲了在日常生活中確認自己的笑臉，將鏡子朝東向擺。整體色調以暖色爲主。

西位若有廚房，易造成外遇、兒女遊手好閒、胡亂花錢，而產生極大困擾，使得家庭亂七八糟無法團聚。當然，在烏煙瘴氣中時，是尋不出答案的。此種情形下，儘可能將冰

重大決策不失誤的室內擺設

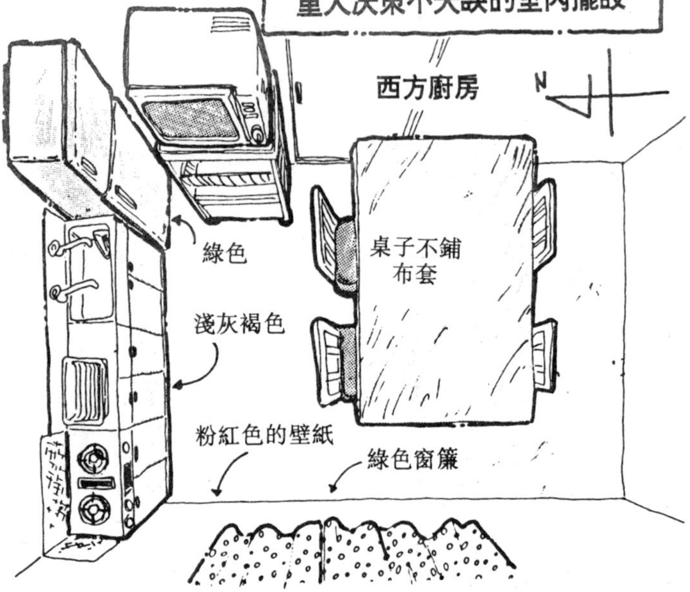

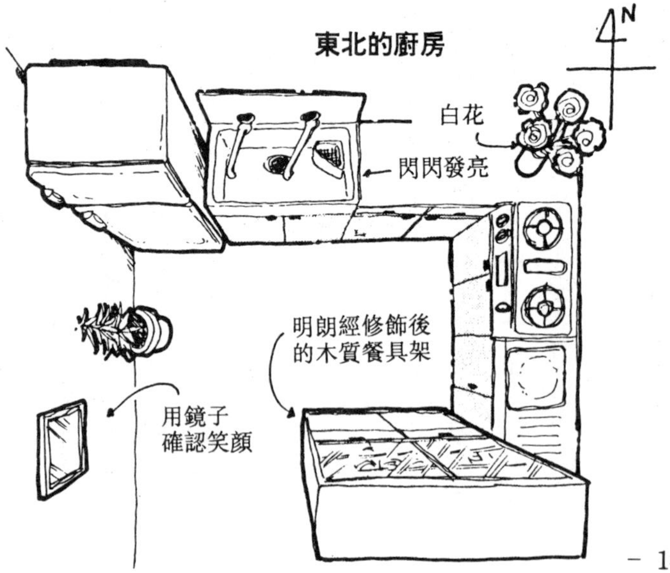

箱或電氣用品遠離窗户旁。檢查洗滌槽是否漏水或水龍頭開關不良，也看看廚房外部是否流水不良的情形。

粉紅或淺灰褐、綠色等顏色善加配用，儘可能有個快樂的煮飯空間。若有廚房門，必須將拖鞋或涼鞋收拾乾淨。餐桌也遠離窗户擺放，不鋪上餐桌巾，直接在上面用餐較好。

只要能好好思考上述所提，即可解決煩惱。

玄關往內凹陷的家，或是一打開玄關的門，客廳或餐廳、廚房等都一目了然之人，玄關的幸運氣不足，煩惱增加，沒有好兆頭。

北方的玄關，缺錢及男女問題等煩惱皆事出玄關。玄關外，最好能設置傘架。

東南的玄關。必須注意奇怪的流言、街坊鄰居的交往、信用問題等等。利用花來當裝飾品可使情況好轉。

南方位的玄關。主人對事沒有衝勁，事業上的後盾應是很少。玄關處放置木雕的福德神亦可。

東方位的玄關，沒有衝勁。或是，被周遭之人造謠中傷而苦惱。將玄關之照明弄亮，裝飾上藍色花朵吧。

遵照如上的方法處理後，一定有好的反應。

成功地自立、轉職

許多年輕人認爲轉職是一種潮流，而中年的男女爲發揮自我能力、爲求更高收入，已然是一個自我追尋轉職機會的時代。愈來愈多的人意識到自我是一種商品。若是商品當然希望高價求售，但是往往事與願違。總之，不論成功地自立或轉職都需運氣。轉職及獨立的運，只要强化變化運、自立運及發揮自我能力之運即可。

朝陽照射的玄關

首先，將玄關的室內擺設按如下擺放。會有朝陽照射的玄關，鞋櫃之上，鋪上絲布，放上一個有田燒或九谷燒的花瓶，其內插放黃色花朵。黃色代表變化，發揮陽氣，陶花瓶自然地能發出鮮麗色，散發變化運氣在玄關裡，而絲布能夠柔軟地擋住這些變化。

玄關的踏腳處貼上瓷磚，玄關大廳的地板鋪有毯之人，玄關的壁色以豪華的金色系爲主。玄關入口右側牆壁擺放白木框的穿衣鏡、鏡子左側裝飾網板畫。壁紙採高級化，玄關代表一個家的格，可育出格、質皆優之人。鏡子和畫，是自我表現及能力發揮的運氣。兩者皆以新東西爲宜。順帶將玄關的地毯換上茶色系，更能增加自立運。地板爲石子材質者，最好表面能加以塗裝。

日照不良的玄關

西日或日照不良的玄關，相當難有獨立自主的機會。總之，由於自我表現較弱，他人也就難以知道自己的長處。此時，務必在玄關處增加陽氣。首先，將門牌安於玄關門的右側。門牌之材質以大神社的神木所製，在心裡默念祈運之事，以直式墨色筆書寫全名在神木門牌上。

其次，更換玄關門的油漆或塗裝。若是鐵門，則漆上白漆。氨基甲酸乙酯或清漆等物，若是木製門則以灰汁洗淨後重新塗漆。若是鋁門保持原狀雖可，玄關處的傘架需換成顏色鮮麗物或白磁物。不可使用鋼製品，若是使用金屬物，則以外觀鍍金看起來豪華氣派之物爲宜。

玄關門廊處的電燈照明若是昏暗，必須立即更換照明器具亮度高之物。玄關附近若有高度約三公尺左右的植物最好，若是沒有，可在門廊處放置高度一·八公尺左右的常綠盆栽植物。玄關的內裝最好能如前面所敘述般，陽光能照射進入最好，鞋櫃必須徹底清潔，將不用之物丟棄。若是任意將鞋子置放玄關，不僅無法養成良好家庭教育，也就自然地無法發揮自己的能力了。

運氣完全來自玄關

另外，兩邊的玄關都討厭異臭味，然而若爲了消除這些異味而使用强味的防臭劑，反而會有反效果。

總之，自主或自立之運，完全來自玄關。

若你是位經營者，正尋求所需的人才，只要拜訪此人之家，首先查看日照情形，其次是外裝和門牌，接下來是玄關的內裝即應可下判斷。

會議中勝過對手

有許多公司皆以企劃做爲勝負的決定。企業經營並非是想到什麼即做什麼的個體。現今有許多年輕人，即使不是服裝或設計、企劃公司的員工，也從事企劃之事。居家或上班途中，做什麼事情都想著計劃案。無論有多好的想法及企劃，若在會議中不能通過，則什麼也不能實行。特別是餐廳及客廳，是有關企劃案能否在會議中通過的重要地點（也包含餐廳兼客廳用之人）。

請參照下頁圖。寬度並非問題。房屋的中心開始，有東北、南、西北等三方位的重點。並非指房屋的某一角落，而是自中心起五十公分至一公尺處的方位。中心處有桌子，這個桌子，桌面不能是玻璃製品，大小不論，以木質品爲佳。與其使用厚重之物不如使用簡單明亮之物爲宜。若是餐桌，請勿使用圓型桌。最少也要選用九十公分四角桌。椅子，自己的座位置於南側。

南邊有窗。觀葉植物等物，應放一個在南方位上。時鐘掛在南邊窗户上方。白板以圓形物較好。否則易奪南之氣。窗簾是蕾絲及布的雙層製品。條紋及花樣笨拙等都不可使用。以淺灰褐色及白色系等色較好。窗户的玻璃採透明玻璃，並保持光亮。陽台或庭院中，以見不到衣物爲原則。

西北方位，放置較安定的褐色系橱櫃或餐具架、電視或音響，若有附抽屜之寫字台更好。圖畫是歐洲的街景圖，儘可能用古都的油畫，大小視房間大小而定，只畫一張則選二十號尺寸，二張則四~五號的尺寸。

橱櫃上有相框，木紋製品較好。寫字台上放置小的檯燈。

會議中贏過對方的室内擺設

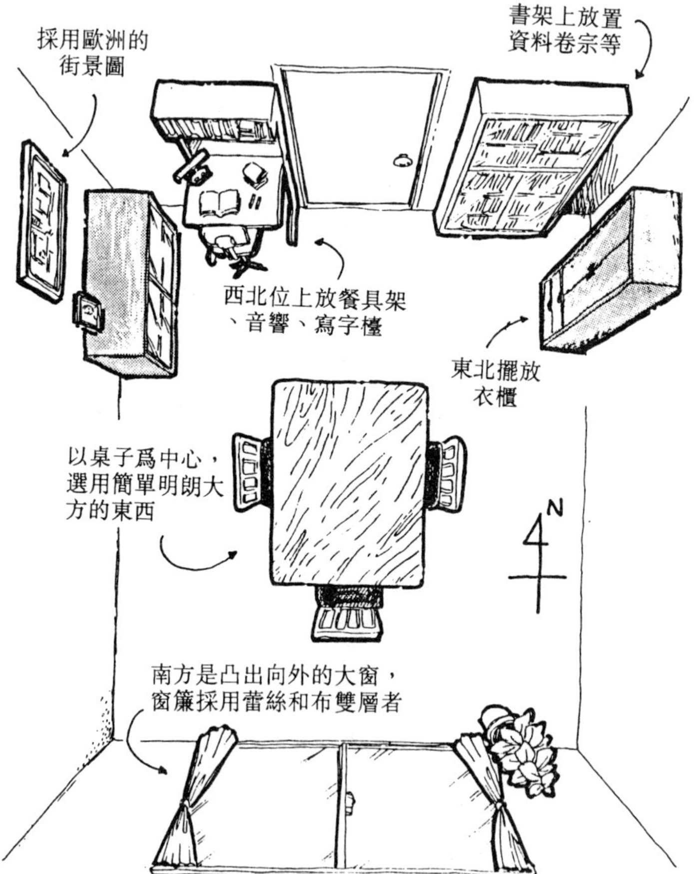

東北的位置上，有書架。書架上放置企劃的卷宗或參考資料。甚至可放衣櫃或衣櫥。這些以厚重實感之物爲宜，若是房屋整體爲白色，地板或地毯（灰色或淺灰褐色），傢俱是白或黑色，或是單調的灰色亦可。此種情形時，照明器具採C、P，天花板上安裝二個以上，最好是吊燈。

掛圖或海報等物，以整體明亮有朝氣之物爲宜，窗簾以條紋色彩强之物爲宜。

本身是南方椅位，使用北西方位的餐具櫥或寫字台，取用東北方位上的書本及衣櫃的衣物，在屋中的走動等都是很重要。

總之，南方位椅子→西北的寫字台→南方位椅子→東北的書架，以中心點的桌子爲基點，環繞其周圍的活動很重要。

不被降職

有人成功，一定也有人失敗。「世間就是這麼一回事」，不可能人人都能優雅地做如此想法。不論孩子的教育、日常生活等都是需要金錢開銷的。若自己的丈夫無法在社會上出人頭地，人生規劃必也會出現問題，無法悠然地過日子。

若認爲降職只跟當事人有關，是錯誤的想法。不僅是丈夫個人，家中所有成員都脫離不了室內擺設的運勢。

只要有書房，即使很窄……

丈夫的書房，即使只有二帖般大小的書房也好。請參照A圖。書架雖以體型大者爲佳，但請勿塞滿。座位的高度，自桌面上一公尺左右處放置時鐘及相框。相框以木質品、簡單大方的設計外型。時鐘或玻璃等都採簡單造型。別忘了擺放高爾夫球具或釣魚的照片、有趣味圖樣的咖啡杯當裝飾品。

書架本身，採胡桃木或柚木製品。高價堅固，造型簡單大方的書架雖好，但不可使用白色。若能將書架置於西側最好。公司裡凡事平順，也不需擔心被部屬或同僚排擠。另外，喝酒方面也不失敗。

桌子，最好採用純質產品，但是若爲了和書架配合採用柚木，必須留意整體的色調。放置乙烯樹脂製品或玻璃製品會令運勢下降。桌子抽屜中，放置玻璃杯及白蘭地，以備隨時飲用，這是非常重要的。另外，採用圓形小煙灰缸。

一提到書房，就令人聯想到桌子，事實上椅子方面才重要。

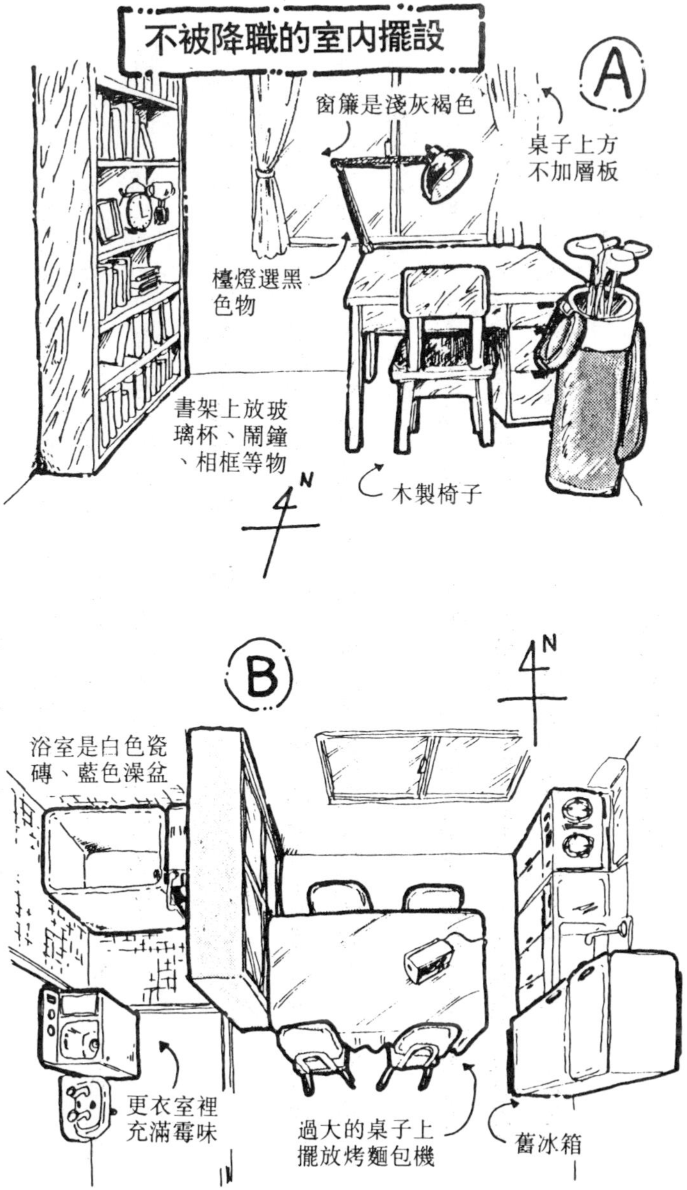
不被降職的室內擺設
A
窗簾是淺灰褐色
桌子上方
不加層板
檯燈選黑
色物
書架上放玻
璃杯、鬧鐘
、相框等物
N
木製椅子
B
N
浴室是白色瓷
磚、藍色澡盆
更衣室裡
充滿霉味
過大的桌子上
擺放烤麵包機
舊冰箱

說到椅子，當一入家門，能有個令人覺得舒暢的椅子可坐，當然是大椅子來得舒服多了。若有伸縮機能更好。顏色方面，用碧綠色的布墊或靠墊。房間的右邊角落，桌椅的後方，放置釣魚器具或高爾夫背包。總之，依個人興趣而定。窗户採小號尺寸。窗簾是淺灰褐色。書房，儘可能是位於西北或北方位。

霉味的浴室、污穢的廚房易招致降職

廚房及浴室的室內擺設亦很重要。首先提及廚房，狹小的地方中放置大桌子，地板是塑膠底、沾滿油污，桌子上鋪有塑膠桌巾，熱水瓶或烤麵包機等隨意放置上面。椅子的靠墊等是塑膠製，黃色或橘色系。

冰箱有點舊而且不太能結冰，去霜時還會漏水。廚房本身是東北方位，浴室是北方位。瓷磚是白色，澡盆是藍色塑膠製品。天花板是藍色系的塑膠製品。天花板的中央有盞電燈。洗臉、更衣之地約〇·五坪（一帖）左右，洗臉台旁放置洗衣機。那一定是又暗又充滿霉味的。（參照圖B）

居於此種環境的人定降職。男女都一樣，自己的實力不被相信。

首先，浴室及盥洗室裡的瓷磚更新爲暖色系的黃色或紅色。浴室用具，儘可能使用淺灰褐色系或相近的黃色系。肥皂，使用味道清香的稍微高級品。儘量地將天花板的照明弄得明亮。清掃器具，更換電燈泡。

澡盆或洗衣機裡，不可積存水。每晚入浴後別忘了排水。

將東北方位的廚房清掃乾淨，是很重要的。特別是務必徹底清除地板的油污。拖鞋採用單調的黑白色彩或白色及茶褐色。進而在廚房裡以花當裝飾品。桌子上的電化製品務必清理乾淨，移往他處。冰箱、拍賣時買的東西，即使是三門的型也已是舊型了，儘可能更換新品。冰箱門的顏色以白色爲宜。

若是公寓房子，衛浴一體而且無窗時，廚房裡務必多加使用帶有花樣的東西。

創造情人（男性篇）

雖不想結婚，但渴望有情人或異性朋友的人，務必力行此項的室內擺設。雖然是拉近人際關係，男性必須理解女性喜愛什麼類型的男性。女性則正好相反。寢室中所使用的各式床鋪或棉被爲中心位置，屋中各方位和室內擺設或傢俱間的陰陽吉凶有影響。

首先，女性所希望的理想情人：①溫和體貼有包容力②，優秀又整潔，③有男子氣概且值得信賴，④外型良好有教養、談吐風趣等。

有錢多金、開名牌進口車、一流公司上班等說來毫無界境的形容。但只要能具備①～④，即可成爲受歡迎的男性。當然，亦是女孩子心目中的理想人選。房屋的運氣，是來自門窗，然而塵土窗、垃圾門等地，反而會令幸運逃脫，說不上是好。直幅約一·二公尺、橫幅約一·八公尺的窗子剛好。

房間的門是位北方，窗戶位東方，房間位北方位者：①宿有「溫柔體貼」之氣，②「優秀！」之氣在東南，③「有男子氣概值得信賴！」在東北，④「外型良好…」東方位視其和室內擺設之陰陽或由窗戶來決定。

即使將室內擺設之陰陽往後推，依出入口和窗戶應可滿足①～④項。

總之，門位北窗位東，房間中自然而然有①及④之氣，②「優秀…」及③「有男子氣概…」二項則需要室內擺設補其不足。

四方位之氣

最差勁的房間是，西方位有入口之門，西南或南位上有窗。此種情形是不能擁有①～④之氣。於此教授如何令其在屋中產生欠缺之氣。

①、「北方位上無窗又無門」時，北的位置上放置桌子或書架，牆壁上安裝鏡子，於上安裝照明設施。若是因收藏東西而無法安放桌子時，門上加裝鏡子。

②、「東南上無窗無門」時，將牆壁式的冷氣空調安裝牆上。電風扇也行，喜歡的女演員或明星的照片或初夏或夏天之風景圖畫，另外，放置桌子或衣櫥，可保管重要的東西。

③、「東北上無門或無窗（此種情形愈小愈好）」時，放置衣櫥。床亦可放置。但是切忌堆放垃圾箱或雜誌、書等物。床單儘可能採用白色有清潔感材質。頭朝東向最好。

④、「東位無窗或無門」時，放置電視或音響、個人電腦等物。也可放置電話，但不可有布或蕾絲的套子。牆上可吊掛時鐘，而且也可掛黑板或日曆。

在此四方位有氣宿之地，不可放置金魚缸或熱帶魚的水槽。另外，餐具櫥、電鍋、碗盆之類的東西有損方位能源應力求避免。

此外的西北、西、西南、南等地，若胡亂弄髒，會使情人緣下降，應注意。於此不妨一試，將床鋪搬到中央，頭朝南，應立即可見到效果。

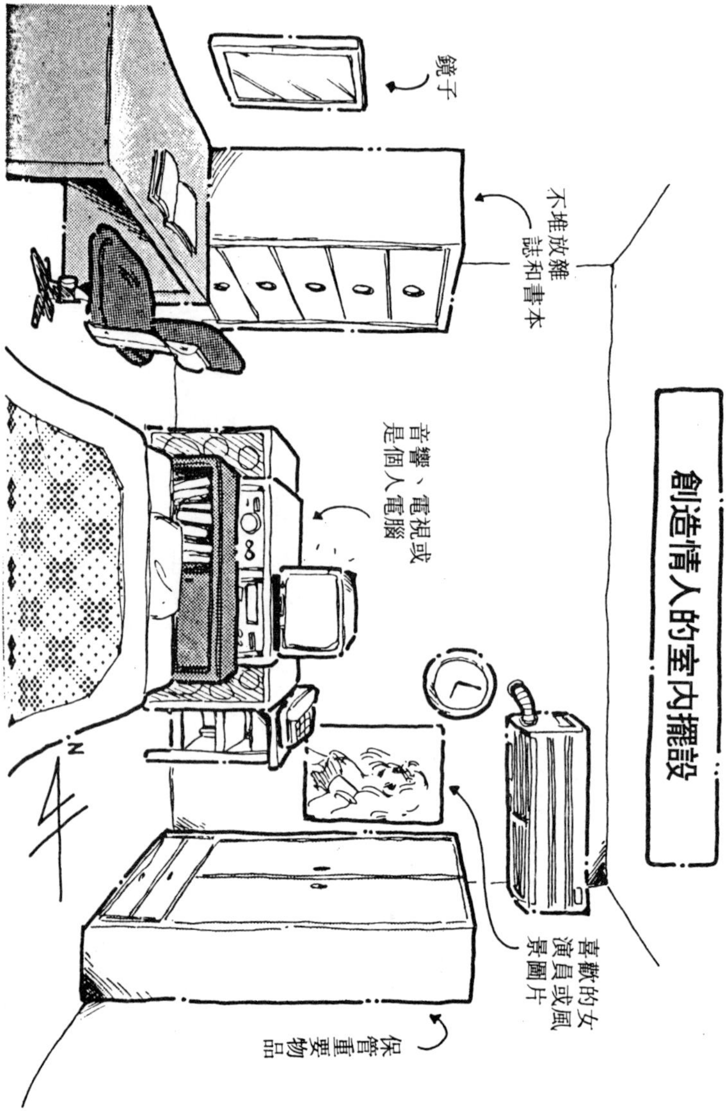
創造情人的室內擺設
鏡子
不堆放雜誌和書本
音響、電視或是個人電腦
喜歡的女演員或風景圖片
保管重要物品

創造情人（女性篇）

女性爲求和理想的男性相遇，只要成爲男性喜愛的類型即可。是否能將女性魅力提升，室內擺設，特別是寢室的運氣有重點之處。

男性喜歡的女性類型：①溫柔，②性情溫和，③美麗開朗，④外型良好、談吐有內涵。一般人最在意臉蛋和身材，但是並非多美麗之人爲何如此受歡迎，比她漂亮的自己，爲何没有情人……有如此想法之人更應該仔細玩味此段落。

這種情形的人，室內擺設必然不好。寢室的門窗位置和情人的造就與否有關。幸運是會自窗户飛進來的。

①種的「溫柔」，是來自北方位的窗户或門。

②種的「性情……」是來自西方位的出入口的門或窗（尺寸以不過大爲原則，適中較好）。

③種的「美麗開朗」是自南方門窗進入。

④種的「外型……」是來自東南的門窗。

抓住來自北、西、南、東南之氣

請看屋中的北、西、南、東南四個場所。

門窗之有無，可利用室內擺設彌補，至少也需考慮床鋪之中心點。並非限定床鋪要位在中央。也就是說，靠西牆放時，則如圖所示一般。也就是說東南位置較大的房間。西方位，只有在牆上裝飾壁畫，但是自己的寢位是西方，西氣的好功力可在睡眠之時吸收。再者，北位上無氣之入口時，將床朝北就寢（這時，並非從床中心，而是自房間中心將床往北的位置移動）。桌子或洋裝衣櫥等物，一天一件移往該位置放置。傢俱以白色爲中心。也可放置寶石或裝飾品。牆上可放日曆或黑板等記錄每日行程。

西位無門或窗時，西位上放床睡眠，牆壁上裝飾秋天的風景畫。歐洲的街道圖或京都等古都的圖片或酒的海報等也可裝飾（特別是啤酒）。衣櫥也可以。

南位無門或窗時，放置觀葉植物或電視、音響等物。放置小桌子，椅子上放置洋娃娃，圖畫則以海或夏天風景畫爲宜。

東南，放置化妝品或香水。裝飾花或掛上喜歡的服裝亦可。安裝冷氣，東南之氣進入屋內爲吉。電話放置冷氣之下。夏威夷風景圖或海報可招來運勢。床，靠東南側，東向或

創造情人的室內擺設

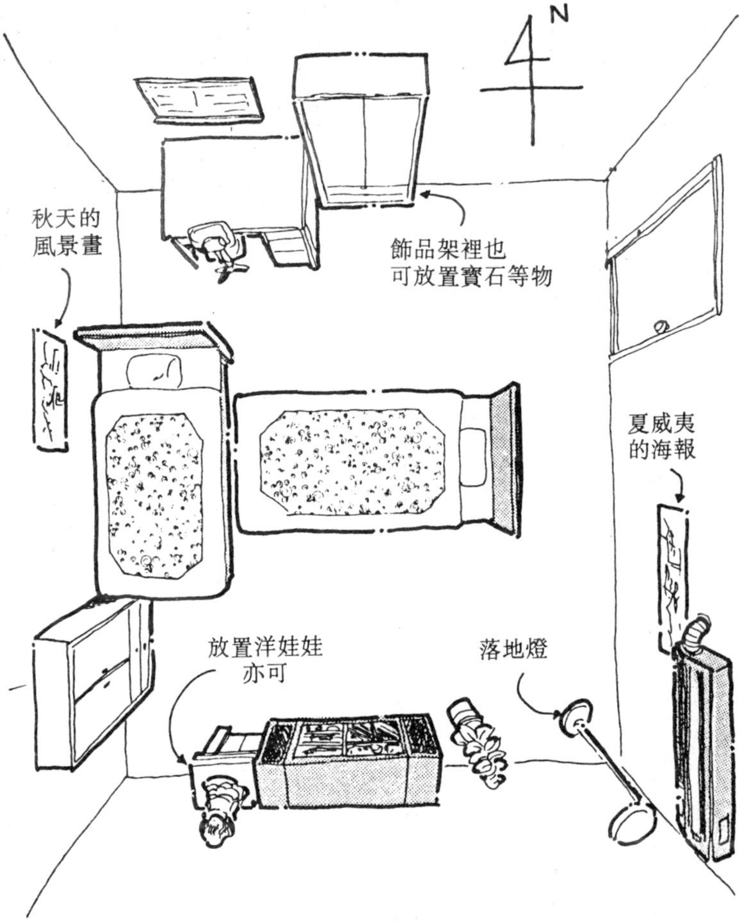
N
秋天的
風景畫
飾品架裡也
可放置寶石等物
夏威夷
的海報
放置洋娃娃
亦可
落地燈

南向，有窗則向窗就寢。窗簾，即使外面有木板門窗、窗簾顏色採有花樣的淺灰褐色、米色。不可使用灰色或黑色條紋物。中央放置白木桌，兩張椅子（木製高級白木品）。若是有放電話或雜誌的空間，理想的他應該就在眼前。

若東南氣弱（無窗、黑暗），可放置落地燈。

西照日强的房間，若不利用窗簾或百葉窗遮光，有可能被男性欺騙。

結婚（男性篇）

結婚年齡平均約爲三十歲左右。而且，有許多有結婚念頭卻結不成婚的男性。是因爲懷疑迷惑而難以下決定呢?女性有著獨立自主的心，不願和愚蠢的男性在一起呢?無論是何者，原因應該都出自於房間與整體的格局。

有意願卻無法結婚而感到焦躁者，請立即實行這個室內擺設（不焦慮婚事，只單純希望尋求戀人者，請參照「創造情人」篇）。

有助男性結婚的作用方向是，北、東北、東三方位。請確認現今居住的家中北、東北、東等三方位（若是單身一人住在公寓，也許這三方位上正鋪著床或棉被，請確認在這三

達成結婚目的的室內擺設

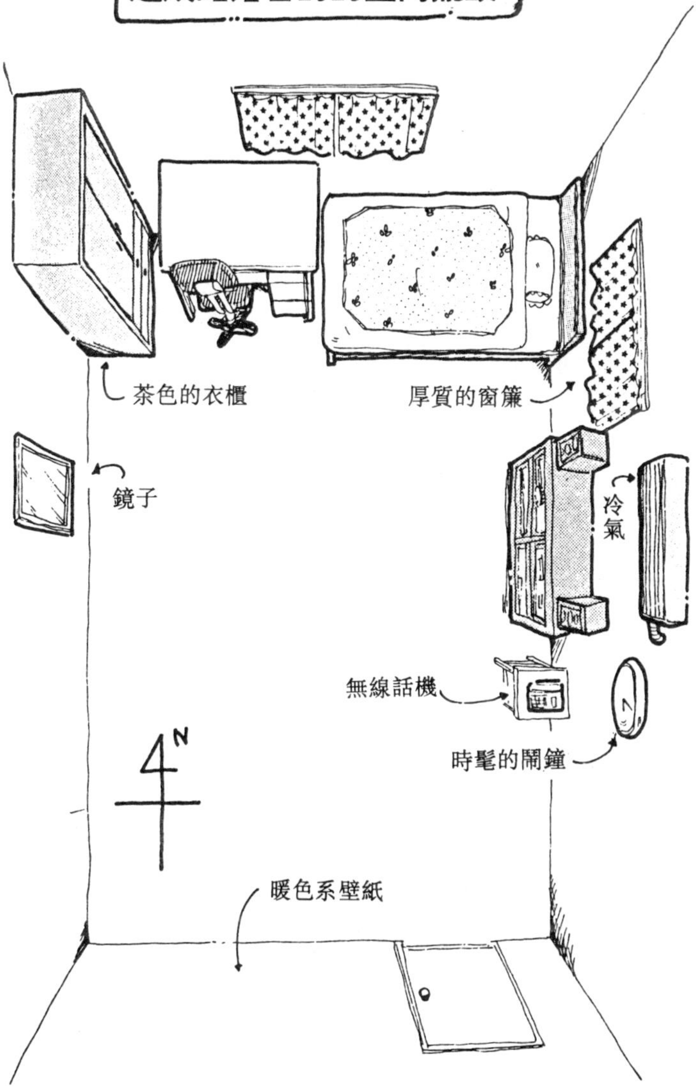

方位上有些什麼東西）。

首先，「有所欠缺」時（請參照一三八頁）。第一，家並沒有令你產生結婚的意願。立即換屋較好。結婚大事，往往淪爲空談，三方位中的任一方位，擺放盆栽。公寓房子，這個方位也有可能因進入他人房間而「有所欠缺」。此時，北方則裝飾橘色水果圖畫或海報，東北則裝飾可愛男童的歡顏海報；東方則裝飾電氣用品的宣傳海報或鮮紅玫瑰圖畫或旭日東昇圖等。如此一來可將欠缺之氣調弱，調和整體的平衡。

即使沒有欠缺，但廚房、衛浴室等三處任一處有所缺失時，亦會奪走良緣。首先，徹底將身體洗淨，照明器具也加以清除而且使之更加明亮。窗户保持光亮。窗邊不放置清潔用具或工具。其次，將東西顏色統一爲暖色系的黃色或橙色。若討厭此顏色，也可改爲純白色（只將浴室的器具統一爲黃色）。化妝室裡，裝飾海景圖或海報。將廚房弄乾淨，不任意擺置油污髒東西。擺放觀葉植物及放置二人座的四方桌。

另外，起居室若位於這三方位之任一位時，可做爲兒子或不想結婚之男性的房間。自房間的中心，依次是北、東北、東。首先全體統一爲暖色系或茶色系。屋內採單調的灰色或黑色時，陰氣加强，女性之氣（陰氣）易招來不必要之男性，此點必須加以注意。

北方位上，有擋風窗，窗簾採用的顏色和牆壁相同。如果冷氣位於正北之窗上則往東

奪取良緣的格局及對策

1）已經無救了

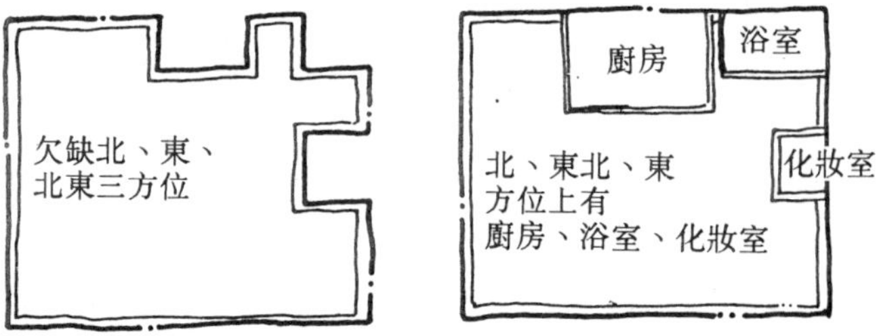

2）還有救時

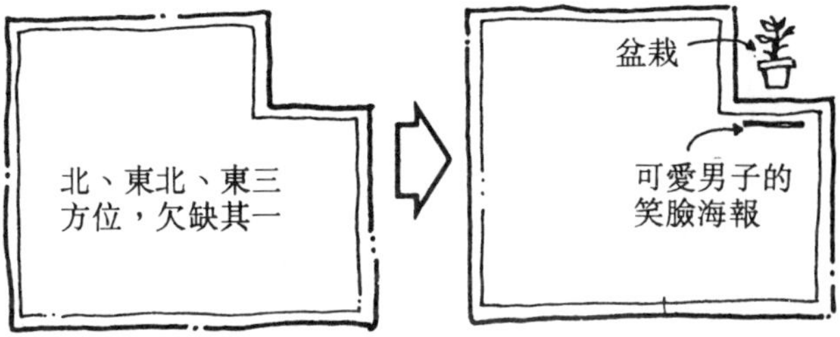

移。無窗則裝飾海景圖。東方上有窗較好。但若是窗位於東北上，利用厚質的窗簾或百葉窗遮光。東北上不可放置垃圾箱。東方若無窗，放置音響、電視等物，牆壁上掛時鐘（選用時髦豪華品）。無線電話放置東方。床鋪靠東北，朝東而寢。桌子放北方。衣櫥等取西面向東放，鏡子也採同方向。

東北的位置上就寢，男性可成爲雄壯受人歡迎之人，有決斷力。甚至東方位的電氣製品及東向的枕頭，宿有活潑的年輕氣息，北方位是即使婚後仍會孝順父母，疼愛妻子之男性，如此準備則萬事ＯＫ。

結婚（女性篇）

對女性而言，「結婚是夢」。以往的女性大都有這種想法，然而如今的社會或因嫌父母太過囉嗦，或厭煩外遇對象的上司等等，常可聽到諸如此類的消息。若從男性立場來看，「又好又有錢的小姐」是爲最好的對象，卻不易尋得。如此一來，對女性而言，結婚仍是相當不易。

對於希望結婚的女性，於此推薦室內擺設的秘法。有此秘法定能締結良緣。

首先檢查東南方位，其次是北方位及西方位。此三方位決定女性的結婚運。

東南方位的房間做為女兒房

首先，女兒的房間自住宅中心看來，位於東南方位上爲最理想。若是滿身汗臭味的兒子居於此房，命其立刻搬動，而令女兒住入。

東及南方上若有窗，採用淡米黃色或有花樣的窗簾。兩方有窗最好，若是單一方的窗户也沒有時，裝飾清爽的風景畫或海報替代。

冷氣位於東南側的窗上，或無窗時嵌入牆壁亦可。室內擺設色系以寒色的藍或灰。另外，請避免單調的黑色。這會將好不容易得來良緣之東南氣減弱。地板鋪上石子鋪地材質較好。牆壁、天花板上各安裝一個照明。一個安裝在天花板中央，另外一個安裝在北側的牆壁。

床鋪靠南，頭朝東向。也就是說將頭放置東南上。鏡子或穿衣鏡放西側面向東。衣櫥、衣櫃等放置西～西南朝東向擺。若是有所困難也可自北朝南擺。電視或音響等放置東方窗下。電話放在東南角落的小桌上，桌上擺花當裝飾。東北位置上，放置書架或桌子，以待決斷時刻。

達成結婚目的的擺設

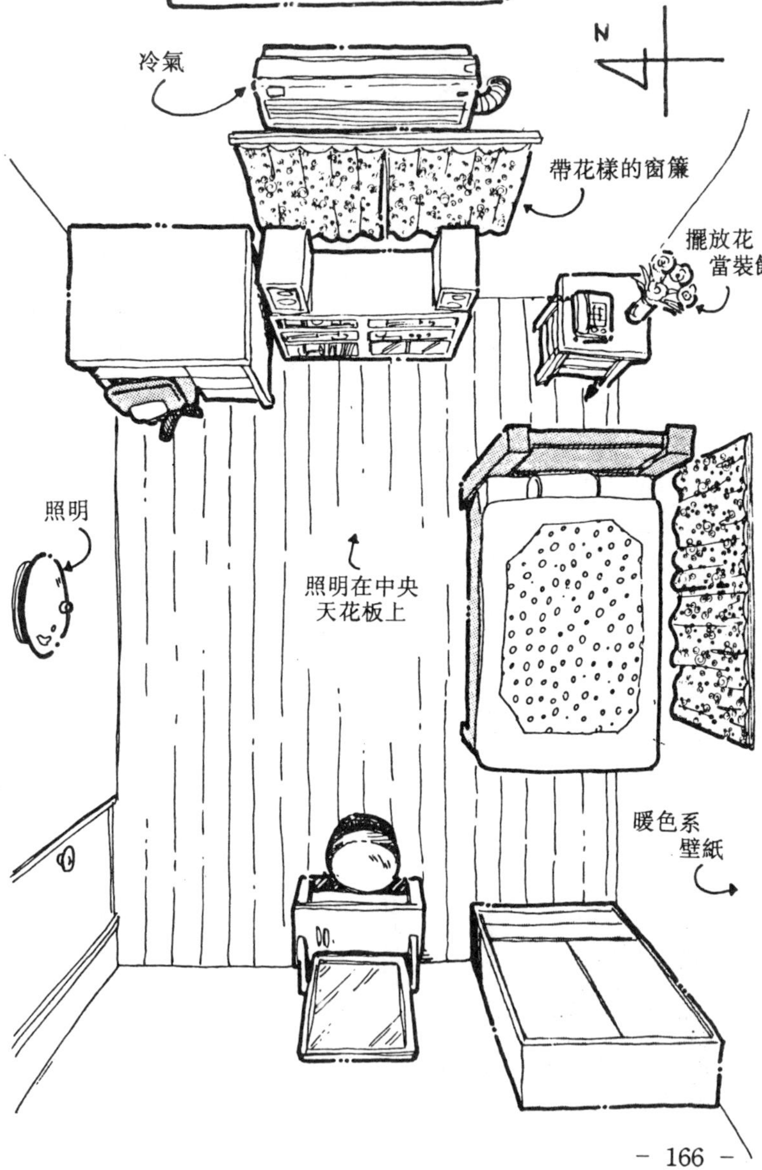
N
冷氣
帶花樣的窗簾
擺放花
當裝飾
照明
照明在中央
天花板上
暖色系
壁紙

若無法將女兒房配置在東南方位上，儘可能在傢俱的配置上要做到。

北方位浴室是時髦的內裝

北方位是浴室，而且女兒房不在東南方位上，這就有問題了。從床上看來浴室位於北方時，浴室之氣，無論你室內擺設如何加强都會失敗。移動床舖，儘可能不使浴室不在北位。此時，儘可能頭朝東或東南。若是單身，可照前面所敘述的方法擺設。

並非單身一人居住，浴室位於北方位時，即使有合意對象，對方卻有藕斷絲連的女友。若是此種情況，立即更換浴室的室內擺設。瓷磚採米白色～黃色、淺黃色。浴槽採象牙色，讓水看起來更乾淨。浴室用品採黃色、橙色較時髦品。加强通風及照明，營造華麗氣氛。入浴後別忘了將水排淨。

女兒的房間若在東南位以外，必須將東南方位保持乾淨。不可置放鐵皮垃圾桶、或有惡臭氣味的東西。

要注意西氣

對女孩子的性格有强烈影響，而且對方最在意的與異性以往的關係等，皆由西方位得知。

西位上有廚房最爲不理想，容易有囉嗦、浪費成性的女性。

若是玄關，只在意金錢方面。

若是盥洗室，孩子易躲過父母的監視，在外遊盪，男性朋友應有一至二人。

若是樓梯，容易覺得家中無樂趣而想一人獨居，離家而去。

無論是何者，都是令人心煩的事。

爲了鎮壓西方氣的凶作用……

廚房裡，放置木製長方形桌子。有厚重感之物較好。椅子椅淺灰褐色系的布或籐製品。桌子上插花當擺飾。不可任意擺放食物。

玄關，注意門的清潔與否，以可愛的女性畫當裝飾。不可同時擺放三雙以上的鞋子。

盥洗室，採暗色系，保持鏡子的光亮。將照明切實弄明亮。在昏暗處化妝，費時又費事。

樓梯，鋪上焦茶色地毯，樓梯中途的平台上，裝飾女孩子的自畫像或孩提時代所描繪的圖畫，外表要加框。

壓力增強

現代社會是和壓力爭鬥的時代。不積存壓力的妙法是在家充分的休息。也就是說，把家庭佈置得成爲不積存壓力的最佳場所。一想到都市的住宅情況，住宅面積、隔音、空氣品質都不是可以消除壓力的建物。反而增强壓力。

換句話說，消除壓力的室內擺設是非常必需的。無法轉變心情、無法好好入睡、無法恢復精力等等的許多「無法」，更換爲「可以」的空間設計即可。

消除壓力是利用入浴及吃飯用餐及睡眠。也就是說，浴室、飯廳、寢室的室內擺設是與消除壓力有相當大關係，由於寬度（面積）太多變化，於此根據傢俱及室內擺設品談消除的方法。

乾淨的浴室取決於白色毛巾

只能淋浴的浴室稱不上好的浴室，換句話說，沒有可容納身體沈浸其中的東西，血液循環就無法轉好。而且對夏天怕冷氣吹、冬天又手腳冰冷的人，入浴是比什麼都好的良藥，但是公寓房子中的浴室和浴槽都很狹小。

浴槽的基本顏色，以藍顏色最能令水看來乾淨無雜質。而且保持浴槽以及瓷磚縫隙的乾淨。

清潔後，注意如下要項。瓷磚是藍色系或綠色系等寒色，浴室的洗臉台或椅子、肥皂盒等必須是暖色，也就是灰白色或黃色或淺灰褐色。

毛巾，隨時都要放置新品在盥洗室裡。不可使毛巾或浴巾發出霉味，或每天使用髒毛巾。毛巾類一定要全白。睡衣等也需準備全白者較好。

肥皂，最好使用含有東方位健康之氣的美國製品。只要能享受沐浴時光即可。

入浴後完全將水排淨。家中若有多量的水氣，元氣恢復之力會減弱。

悠閒地進食消除壓力

其次是飯廳。儘可能在白天日照良好之處擺放桌子，但是即使日照不良，只要桌子本身有力量即可。最差勁的是圓形桌子。小桌子上進食，反而會屯積壓力。四角或長方形的桌子，若非整面朴樹材質亦可，最好使用朴樹材質。若有損傷，只要再次塗裝即可復原。不可因唯恐弄髒而套上一層塑膠布。桌子上，最好放置鮮花和水果。花以白色或淡的當季

令壓力增強的方位及擺設

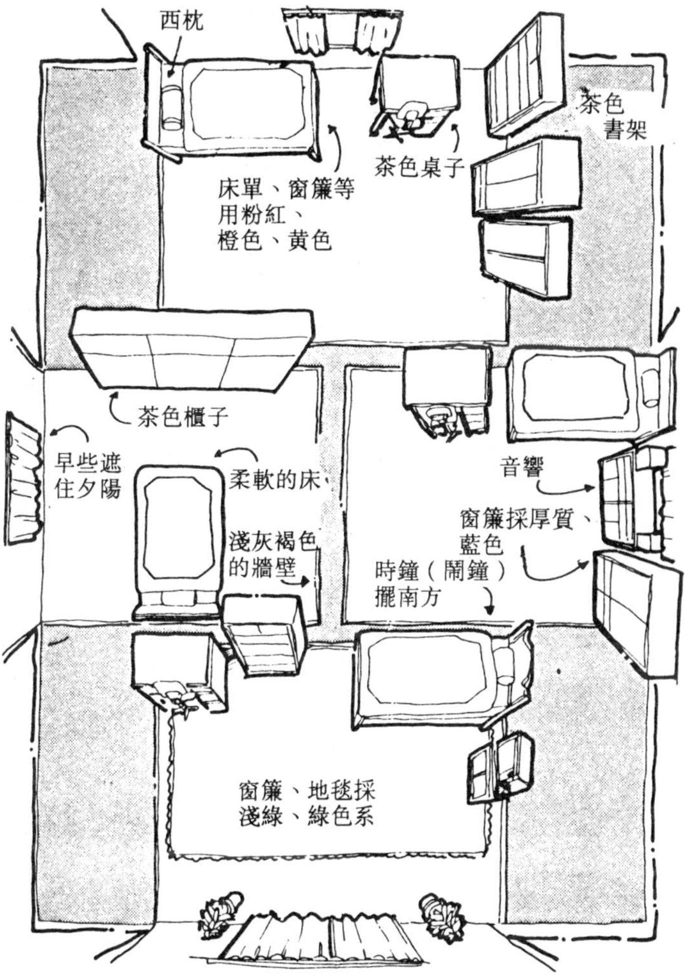

花。三朵花則足夠了。三種水果放在筐中置於中心處。

CP照明低位置時令人焦躁，儘可能根據天花板和牆壁做間接照明。裸光最易屯積壓力。桌旁放置一株盆栽樹即可，窗户利用有蕾絲的窗簾遮光。

吃的內容，本書雖未提到，儘可能以自然食物爲宜。椅子採用兩旁有肘，坐起來舒適爲宜。和桌子比較起來，椅子更需花錢買好東西。

依據寢室的方位更換室內擺設

寢室的床舖應是又大又舒適。常聽人說一旦過了四十二歲後，應將寢室移往西側，黄昏的陽光，令人有休息的意願。你若是四十歲左右，有著工作壓力之人，應睡在自家中心看來西方位或西北方位的房間。若是更年輕，到處都可作爲寢室。大小及建築物的格局若未具備好寢室的條件，則需注意顏色及床舖的配置。

北側的寢室，窗簾、床單等小東西以暖色系的粉紅、橙色、黄色搭配，暖色系的傢俱，也就是說淺灰褐色或茶色的傢俱，床朝西向，也就是西枕而眠。年輕人東枕亦無妨。

東側的寢室，輕音樂搭配藍色系、灰色系。重點是有能充分發揮效力的紅或藍色物品（時鐘等物）。西枕或東枕睡眠皆可。由於東方有强光，必須用厚質窗簾遮光。

南側的寢室，若是大窗，放置二棵盆栽樹於窗旁，可多少減少太陽的陽氣，窗簾類或地毯，使用淺綠色或綠色系。電視等放置東側，床鋪靠北側放、東枕（年輕人）或西枕（四十歲上下）而眠。

西側的寢室，遮光以西日不入寢室爲原則。茶色系的室內擺設，或儘可能以淺灰褐色爲基本色，床鋪採用柔軟舒適之物。個人專用房裡，睡在草墊上呈大字型望著天花板。由於是令人沈默寡言的寢室方位，儘可能夫婦一起將床鋪或棉被搬入。它是立即可眠的方位，必須注意彼此之間是否有所不滿。

這個寢室，最忌諱水壺或碗盆。寢室旁若附有淋浴間，反而會增加額外壓力。金錢陳設或單純化，反而奇妙地能令氣下沈，氣上升，此點必須注意。睡癖若不良，北枕西位寢室亦無妨，一般說來是西或東。

年輕又健康

隨時保持年輕朝氣、健康、積極工作並活躍於日常生活的人，必有著和人可相提並論的生活。健康又長生之人，即使毫無才能亦無所謂。健康本身就是一種優秀才能。

同事或朋友都因感冒而休假，只有父親一人仍精神百倍地默默工作，每晚參加應酬也無所謂。自早忙到晚的母親仍是笑容滿面。家中小孩個個都很健康，這可說是最理想幸福的家庭畫面。

平常不注重日常保養，經常覺得疲勞，或有强烈的企圖心之人，在此，傳授你永保年輕與健康的擺設。

健康與年輕的秘訣是「吃好睡好」。也就是說廚房和寢室的重要，方位學上，利用東及西之力可說是捷徑。

製作加入東運的料理

廚房位於東方位最好。東方位是太陽上昇之位，宿有「精力」能源。每天在東方位的廚房中做飯，做飯之人也會變得更有精神。而且，料理之中不知不覺地加入健康朝氣。吃了這個料理後，家人變得更加健康。此類家庭，務必留意，乾淨地使用廚房，儘可能令朝陽射入，窗前不擺放鍋盆等物。

廚房不在東位上的家庭又該如何呢?首先，將做好的料理移往東側房間用餐。東側若無房間，將桌子往房間的東側靠，至少向東用餐。而且令房間充滿東之運氣很重要。首先

變得健康年輕的室內擺設

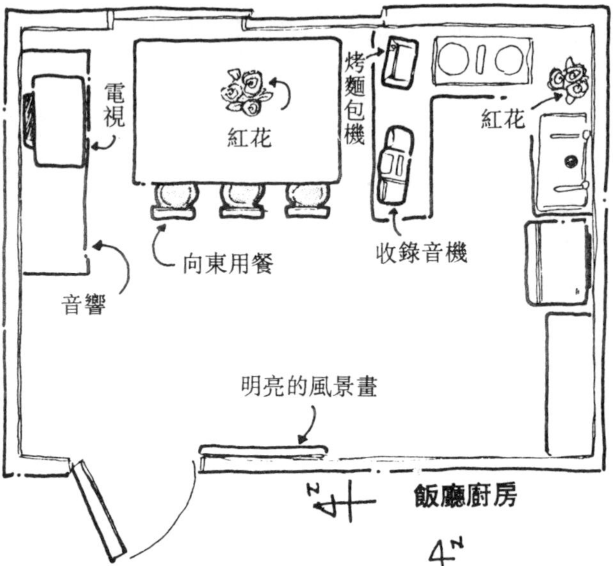

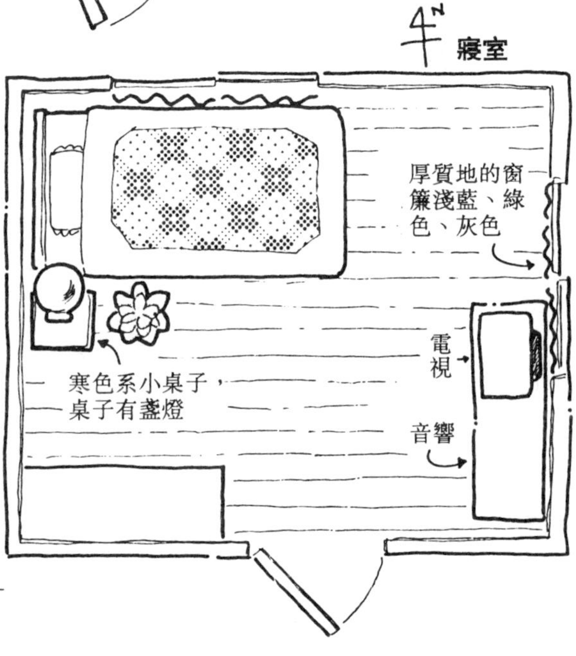

，使用太陽色的室內擺設。冰箱、烤麵包、烤箱等物品採用『紅』色。桌子或洗滌槽旁，裝飾紅花，並讓音樂隨時流瀉其中。

東方雖說是健康朝氣之氣，用餐時，儘可能談些輕鬆愉快的話題。也可看看電視的娛樂節目然後全體哄堂大笑。照明方面立即更換明亮度高的東西。地板若是塑膠薄板，可更換爲紅磚色。拖鞋採藍色系。牆上裝飾明亮感覺的風景或花朵的海報或圖畫。

令人安眠的室內擺設

寢室，以北～西的寢室最好。儘可能在陽光照射不到之處充當寢室最好（但是寢具最好能直接接觸陽光照射）。

北～西位有寢室者，內裝更換爲淺暖色系較好。照明不僅是天花板，善加利用檯燈等物，變化照明，裝飾花朵，衣櫥上不屯放整理成箱的東西，並且保持乾淨。睡衣最好每日替換。

北～西位上沒有寢室之人應該很多。此時，室內擺設的顏色以寒色系爲主，也就是說淡藍色、綠色、灰色、淺色亦可。地板上若有灰塵雜物，立即會被察覺，還是以鋪地石材最好，鋪有地毯時，必須每日清掃。永不整理的地板最爲不好。用厚質的窗簾，採用先前所提的顏色，避免使用條紋物。

南側有電視或音響等物時，移往房間的東～東南。衣櫥是南西或東北的位置。床鋪是最重要的，靠房間的西或北側，西枕而寢。睡衣等採用暗色系較好。照明以稍暗的間接照明及床頭燈或讀書燈，枕邊放置一株觀葉植物，有益安眠及健康。

減肥成功，更加健康

男女都希望永保年輕健康。除此外若能永保美麗，喜悅之情更是不可言語。現今年輕男子也都知道美貌是成功的第一步。

以往減肥是女性的專利，今日的年輕男性保有美好的胴體及健康目的，同時，也為了不輸給上了年紀仍為身材努力的中年男性們。

若實行減肥計劃，先不要預設理想體重。和那些為了健康或為了美觀而減肥中的人，或不得不減肥之人，談談「有助減肥成功的室內擺設」。

減肥，必須有堅強意志及幸運。在此談談如下的條件。

①清楚的目標及目的，②一旦決定必貫徹到底，③認為減肥是件愉悅的事。

自覺減肥的必要性

爲了確定①項，應該怎麼做才好呢？……。如果房間或寢室的南側有大窗，窗外射進太陽光，陽台或庭院裡有觀葉植物，南方的大窗上加上蕾絲的窗簾及寒色系的窗簾（藍色系或灰色系）。窗旁放置體重計，穿衣鏡放置體重計旁。自南側大窗進入的太陽氣，白天裡有暴露現實的力量。會自我發覺自己的肥胖，令心意更堅決。寒色系的窗簾或觀葉植物，會令因減肥而焦躁不安的人安定下來。

增加忍耐力的藍色室內擺設

②一旦決定……其關鍵在於忍耐力的室內擺設。家中心起的西南及北二個方位是重點方位（若是套房，床鋪或睡臥處即是方位）。西南位有大窗或音響電視時，欠缺忍耐力。窗户加上寒色系的窗簾。將電視或音響變更至東側，衣橱或衣櫃等收拾東向擺放。

北方位有廚房、浴室、化妝室等水場時，不太好。若不能更改格局，只能考慮不污染水氣的方法了。廚房洗滌槽的上下檢查是否有漏水。若有，立即更換。洗滌槽中屯積洗滌物時，忍耐力會減少，最好立即清洗。排水不良時會造成便秘。烤箱或食物沾有油污時，

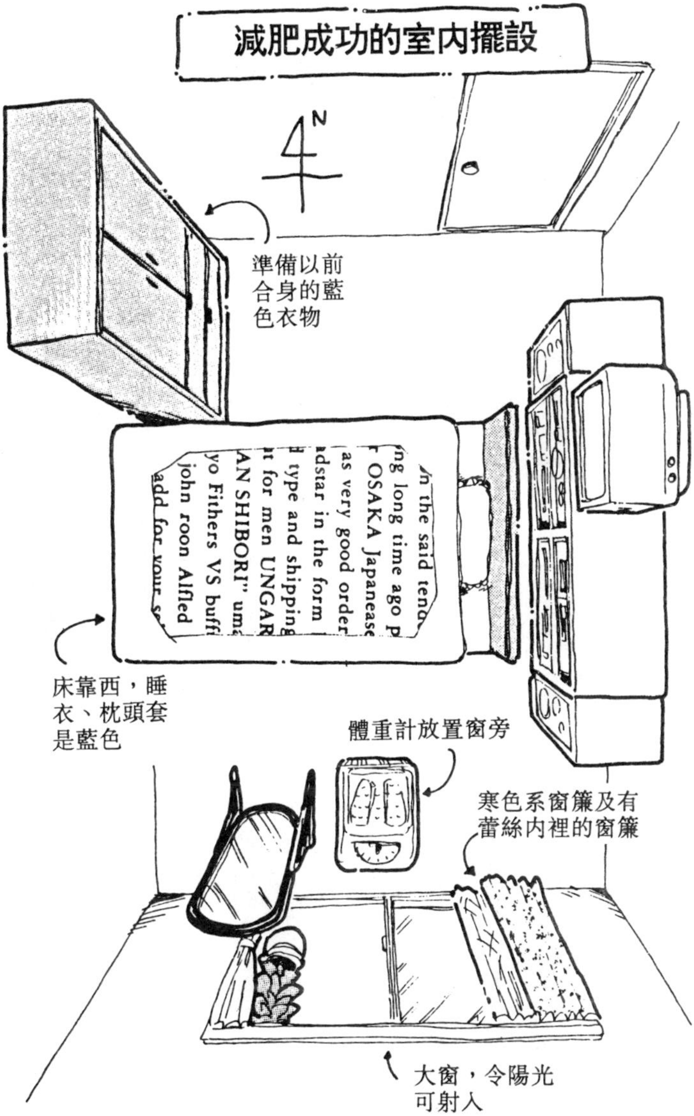
減肥成功的室內擺設
N
準備以前
合身的藍
色衣物
床靠西，睡
衣、枕頭套
是藍色
體重計放置窗旁
寒色系窗簾及有
蕾絲內裡的窗簾
大窗，令陽光
可射入

皆成了焦躁及爭吵的源頭。無論何者，對於減肥美容都不利。

浴室若是使用燒開水的鍋補充熱水，用鹽將此鍋洗淨。北方位和熱水鍋的火氣陰陽不調和，而且爲了不浪費，入浴後，儘可能不殘留熱水在浴槽內。北方位上有大水槽（浴槽），一旦屯水，很容易爲異性及酒而發狂。減肥中若過份依賴酒精，很容易導致酒精中毒，很危險。

化妝室，通風良好，乾淨最爲理想，別忘了將所有清潔用品更換爲明亮的藍色系。藍色是抑制任性的顏色。若有盥洗室亦相同。

掌管喜悅的方位

③對減肥抱持喜悅之心……，一旦體重開始減輕，量磅秤成了喜悅的事，體重計及鏡子都成了好朋友，除了每日在家的家庭主婦外，每天上班上學之人必須由衣服來察覺。這是穿回以前合身的衣服的方法。此時的顏色選擇——藍色，儘可能穿著看來較苗條的衣服，看來更賞心悅目。

睡衣也用藍色、枕頭套也是藍色，減肥中凡事都依賴藍色。床鋪朝西側擺，以東枕、南枕而眠。喜悅會自床中溢出。西及南氣，掌管美麗與喜悅的能源。

增進夫婦關係

有人曾一口咬定「夫婦，隨時總想著離婚」。

前幾天，參加朋友的金婚紀念日喜宴，席間主人聲明「不曾爭吵，關係一直都很和諧，不曾有過分離的念頭，只是想著何時殺了對方，就這樣過了五十年」。有人覺得「夫婦彼此是最難以理解的辣手對象」，雖然是因有緣才得以共同生活，應該想辦法增進二人情感，二人共渡快樂的晚上。

室內擺設，可增進情誼，有時也可能造成妨礙。「總是不和諧」「近來都無夜生活的樂趣」「無話可談，見到臉就煩」「從不知道是如此的遲鈍」「若能溫柔些不知有多好」等，爲這些煩惱的人，請檢查你的室內擺設。

要注意北方的浴室

「最近由於夜生活少而焦躁無趣」有如此問題的情侶，北方位及西方位房間的擺設有問題。

增強夫妻情誼的室內擺設

西方位有寢室時

北方位有寢位時

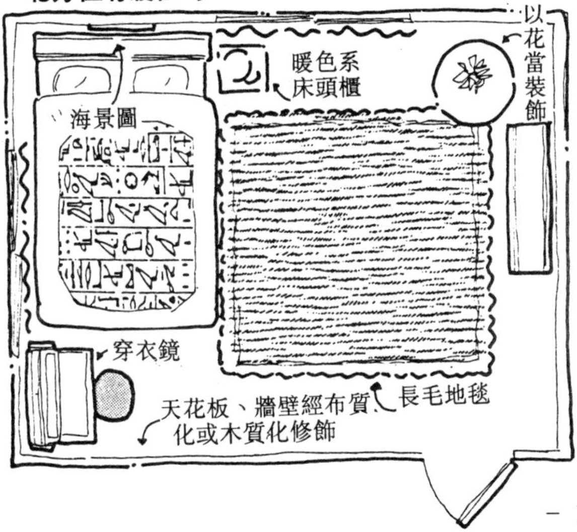

北方是男女愛情的方位，並非單指愛，也包含有互相信賴的方位。同時可創造二人間的秘密，二人以此共同分享樂趣，並可共同培育。

此方位房間爲時髦花樣或紅色等顯眼顏色，窗簾採條紋樣。而且，傢俱、色澤、型式都無系統可言，或是小孩房間的話，必須立即清理，室內以暖色系的淺灰褐色或米白色系爲主。地毯也採長毛物，牆壁、天花板貼以布質物或經木紋修飾。也就是說，做二人的寢室。

照明，天花板和檯燈並用。窗户儘可能拉上窗簾，充作通風用。音響電視等物放東側，床鋪靠西側放，北枕而眠也可以。

不要擺放過多的櫃子，但至少要有鏡子或穿衣鏡。北窗的右側（由内觀看）裝飾花或植物等。西窗，採用厚重質地的窗簾，防止西日過份照射。西方若有大窗，不要將床太靠近西側，相隔五十公分。西日容易令人想在外逗留。北向的床前壁上裝飾海或湖的圖畫，充滿大水的圖片、帆船圖畫等。旁邊放置檯燈。如此一來，兩人可回到新婚時的狀況。只是，煙灰缸或打火機等物不可放置枕頭旁。

如果北方位上有浴室，兩人應少有機會享受快樂的夜生活。丈夫遲歸，一回家不洗澡即上床哼哼大睡。北方浴槽對女性雖好，男性一進入，會變得不愛回家。若毫不在意地每日入浴，必須注意外遇事項。通風良好，不長霉菌，毛巾採大型且多量擺置其中。需使用浴袍及使用每日清洗的浴巾。裝飾花或美麗的花瓶，找機會移往東或東南，凶作用較少的方位。

寢室最好選擇西方房間

西方位房間若是供小孩使用，易造成遊手好閒的小孩，最好立即和你們夫婦倆調換。西方是喜悦之方位，也就是男女喜樂的方位，最適合充當寢室。擺設方面，茶色系安定之物，灰色系或淺灰褐色系對寢室有利。綠色窗簾，對中年人是熟睡及喜悦的顏色。

西側的大窗按照慣例要遮光，綠色的窗簾或百葉窗皆可。西日若過强，窗户附近放置植物或落地燈（放置兩側以一對爲宜）。西方牆上，裝飾田園風景或森林圖畫或海報。自南側看來，西南位的窗户，陽光若過强，空有滿腔理想卻總與成功絶緣或因喝酒而不成事。水壺或桌上的熱水瓶立即收拾乾淨。若是和式房間一定要加上拉門。

床鋪中央北向雖好，講究吉利不吉利之人，最好東向擺放。東向，枕頭旁放置檯燈，東側牆壁旁放電視或音響。牆上掛時鐘，裝飾日曆或喜愛的畫或掛圖。

西枕，對於三十歲左右之人雖無妨，但一過四十歲後則有立即睡去等諸多不利之事。南枕，淺眠，夫婦容易起爭執。枕頭的兩旁，放置陰氣的觀葉植物香蕉樹，以平衡陰陽之氣。

如果，浴室在西方，妻子有可能向外發展。也就是說，喜往外走的家相。利用室內擺設調整，朝上入浴，更衣室裡放置黃色玫瑰花當擺飾。選用附有花樣的毛巾，入浴用品也用黃色物品較好。西氣增加之前入浴，黃色可集中西氣，不使其流出外面。此種情形也是不可屯積水，入浴後，立即將水流淨。北和西方浴室常被稱爲「不貞的浴室」。

強化親子關係

家庭中的不和，不單指夫婦間的問題。狹窄的住宅中，全家人生活在其中。而且都市生活總是步調太匆忙。不僅需和時間競爭，自己又彷如章魚吞食般，每天要消化多種預定行程。

另一方面，年輕人搬入寬廣的公寓，處身於全新的傢俱中，過著彷如電視劇裡的主角所過的生活。

平均的住宅面積即使超過一〇〇平方公尺，隨著小孩的日漸成長，居家之中隨處可見傢俱或日用雜貨，甚而是窄小的地方裡擺著電化製品。不僅夫婦間，連親子兄弟之間都會焦慮不安甚而發生爭執，產生家庭暴力。這不能單單怪罪當事人，室內擺設也要負起責任。現在正處於此種危險狀態的家庭，或有所預感的家庭，請立即檢查居家環境。

房間內若有所忌諱處，務必清潔乾淨

家庭中最多的糾紛是親子間的事，小孩不聽話或有暴力傾向，與人發生爭執，容易生病等造成家庭不安的原因是，東北方位房間的使用法及室內擺設。俗稱東北方位是鬼門，產生新陽氣之地。也就是說在這個房間內製造家中的陽氣，如果此氣有所污染，家中的陽氣，也就是掌管活動的氣會冒出。特別是陽氣對小孩而言是重要之氣，男性容易衝動，也是因爲此氣潛藏之故。

這個「鬼門」裡若有「化妝室」，原因就出在這裡。找一天的時間，從天花板到地板仔細清潔磨亮，改成全白的內裝吧。器具也採用全白。便器若是藍色或酒紅色，至少需加上白色便座套子及拖鞋、毛巾等物。牆上裝飾雪山圖片及白花。讓花香四溢，照明清晰。

化妝室以外的房間，打掃乾淨，窗户擦拭光亮。若是窗户過大有出入口，儘可能不用比較好。有可能會令剛形成的新氣逃脫。鬼門隨時保持安靜較好。不論何種房間內只要有鬼門（有所忌諱處）儘可能多用白色。

南氣造成分離

夫婦間爭吵不斷，常常口出分手的夫婦、一離家即恐嚇小孩的家庭、小孩的體重急速下滑等而有所擔心的家庭，原因都出在南方房間上。這個房間做何使用呢？浴室或盥洗、廚房等水場，飼養熱帶魚的起居室，陽台的排水阻塞、髒亂等都是原因所在。南方是掌管「分離」的方位。將別離或不需要的東西或不適當之事遠離，而令好的事物與你相會，但是水氣（浴槽或洗滌槽等）會冷卻南方之氣，而產生別離作用，導致爭吵不斷。

隨時將浴室之窗打開，不使用時浴槽內不屯水。毛巾類採綠色系，浴室內若有多餘空間可擺花或植物的盆栽。盥洗室裡若有洗衣機，不能將髒衣物隨意擺置其中。

廚房採淡綠色或藍色系內裝，多用綠色物品，隨時將北側的房屋或走道下的窗户打開，令南↓北通風，誘導水氣到安定位置的北方位。南方位房間利用其他房間時，也需注意通風這個重要問題。另外，爭執多是因爲南氣過强之故，應利用窗簾或百葉窗遮光。

西方位室內擺設與金錢、異性問題之關連

口無遮攔地大肆謾罵、金錢問題或異性問題，特別是女子成爲不良少女的家庭，需注意西方位的房間及室內擺設。首先，西方位若有廚房，家族團圓之樂必然很少，即使偶爾一塊用餐也無話可聊而感覺無聊。另外，洗滌槽不乾淨、熱水器漏水，女兒或妻子容易因遊蕩而整日恍恍惚惚。

化妝室、浴室、樓梯若位於西方位，定是用錢無度、金錢問題屢次發生麻煩的家庭。有著大窗的房間也會發生同樣問題。也就是說西方位上有水場或大窗或樓梯，無天花板空間，西方之喜氣反而會減少，或是，喜氣大增。起居室中大窗以百葉窗遮光，電視或音響等不可放置在西側。室內儘可能採用淺灰黃色或象牙白、茶色等成熟色彩。檢查是否漏水，儘可能減少西日照射，避免西日照射時炊煮。

小孩讀書、考試成功

有許多母親爲了孩子不努力用功而深感苦惱。

不論幾歲，只要是孩子，遊玩即是工作，但是在孩子小學低年級時，希望就能養成讀書習慣。

讀書是一種習慣，養成習慣後，抓住讀書效率，必能考上理想學校。室內擺設也能做到這個功效。

讀書最重要是爲安定。若無法心定則無法專心唸書，令小孩定坐書桌前是爲基礎。

小孩身體及心靈習性。也就是說，小孩的陽氣强。小孩最好安置在日照良好的房間，有助健康，父母都十分清楚此點，但是有益身心不一定就有助唸書。

爲了令孩子讀書，事實上不需用到陽光。只需類似「螢火蟲的光亮度」即可。東、東南、南方充作孩子房時，不可有陽光照射進入的窗子旁配置桌子，使其折成左光線的情形。太陽之氣浮遊於桌子周圍。小孩彷如裝上彈簧的娃娃，夜間也感應太陽之氣而坐立不定。桌子若位於距窗最遠之處，則可十分安定。窗旁的桌子上，雙親一座即可知，自己都無法定坐三十分鐘以上，更別提小孩子連十分鐘都無法安定。

令人安定的室內擺設

桌子擺在北方位北向時，椅子放於南側。椅子靠背靠墊不可使用過份鮮艷顏色。檯燈是黑色，桌子本身，不能因爲是孩子要用而附有漫畫人物的圖樣。最好能提供孩子中學、高中、大學都可使用的桌子。不可使用鋼鐵製品，木製品較好。書桌前書架很多者並不太好。

正面面對牆壁亦可。若有窗可向外眺望、面前有書則氣會分散。牆壁上不可貼有任何東西。劇文或進度表除外，至少可貼功課表。地板、牆壁、天花板等儘可能採用自然素材，石頭或水泥等物，能量過陰，反而易使人愛睏。地板以草席或鋪地石材。儘可能採用腳接觸感較好之物。牆壁採有益眼睛的綠色系、淺灰褐色等。不可因爲是男孩子就限定用藍色、女孩子就採用粉紅色。天花板和牆壁採用同色系。

南、東處若有大窗則需確實使用窗簾。和牆壁採用共同顏色雖好，但若希望起伏不大則以直式條紋較好。但是斜直紋或大花樣之物，會削減安定力，此點務必注意。照明除了天花板外，桌子上可放檯燈，儘可能採用簡單用具。

書架和衣櫥等，儘可能選用不易刮傷材質。上了年紀後，鏡子或化妝品等，鏡子自北側向南，自西側東向擺放。床舖儘可能採個人喜好的顏色，堅固之物，靠東南側，頭朝東。東南之氣是滋生良好的友人關係處滋生。小孩若很難以安定，將床朝西側，頭朝北而寢。（也有人厭惡北枕，符合頭冷腳熱之理論）

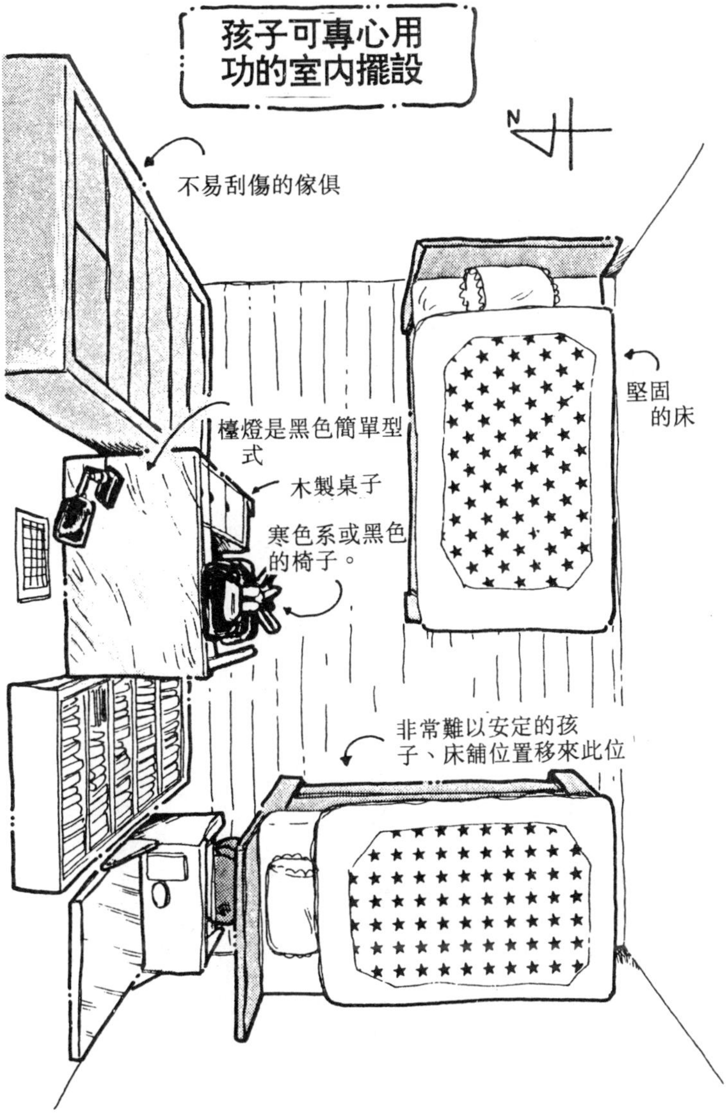
孩子可專心用
功的室內擺設
不易刮傷的傢俱
堅固
的床
檯燈是黑色簡單型
式
木製桌子
寒色系或黑色
的椅子。
非常難以安定的孩
子、床鋪位置移來此位

低學年或因考試而焦慮之人，請立即實施上述所提事項。

考試接近時的室內擺設

因考試接近，①焦慮之人，努力卻不見效果；②不愛唸書而且焦慮不安。有這些情形者請參考前圖。

關於②，如前面所提，北向的桌上、西側的牆壁上靠放棉被床鋪、北枕。房間的北側有壁櫥是爲平常，可放心實施。擺設的整體採淺灰褐色或藍色系。

①的情形者，不需顧慮陽光是否直接照射房屋，以桌子當房屋中心的東側，朝東向。桌子的檯燈又長又大者，把照明增亮，壓抑天花板之照明。也就是說令桌子四周有明亮感，時鐘放在桌子上，書桌上放置三枝紅色鉛筆。

若是喜愛音樂之人，桌子右側擺放音響亦可。書架、衣櫥等房間北側南向。床鋪即使有窗也靠南側，頭向東。東方若有窗雖好，若無窗，東方朝向的桌子左右各置觀葉植物可增加東之力量。也就是說，東氣將內藏物浮於表面。讀書中、就寢中都會增加活力。整體的室內擺設，喜好灰白色或淺灰褐色。即使不真正在意之人，黃色室內擺設品一樣會帶來好結果。

大展出版社有限公司
品冠文化出版社

圖書目錄

地址：台北市北投區（石牌）
致遠一路二段 12 巷 1 號
郵撥：01669551＜大展＞
19346241＜品冠＞

電話：(02) 28236031
28236033
28233123
傳真：(02) 28272069

・少年偵探・品冠編號 66

1.	怪盜二十面相	（精）	江戶川亂步著	特價 189 元
2.	少年偵探團	（精）	江戶川亂步著	特價 189 元
3.	妖怪博士	（精）	江戶川亂步著	特價 189 元
4.	大金塊	（精）	江戶川亂步著	特價 230 元
5.	青銅魔人	（精）	江戶川亂步著	特價 230 元
6.	地底魔術王	（精）	江戶川亂步著	特價 230 元
7.	透明怪人	（精）	江戶川亂步著	特價 230 元
8.	怪人四十面相	（精）	江戶川亂步著	特價 230 元
9.	宇宙怪人	（精）	江戶川亂步著	特價 230 元
10.	恐怖的鐵塔王國	（精）	江戶川亂步著	特價 230 元
11.	灰色巨人	（精）	江戶川亂步著	特價 230 元
12.	海底魔術師	（精）	江戶川亂步著	特價 230 元
13.	黃金豹	（精）	江戶川亂步著	特價 230 元
14.	魔法博士	（精）	江戶川亂步著	特價 230 元
15.	馬戲怪人	（精）	江戶川亂步著	特價 230 元
16.	魔人銅鑼	（精）	江戶川亂步著	特價 230 元
17.	魔法人偶	（精）	江戶川亂步著	特價 230 元
18.	奇面城的秘密	（精）	江戶川亂步著	特價 230 元
19.	夜光人	（精）	江戶川亂步著	特價 230 元
20.	塔上的魔術師	（精）	江戶川亂步著	特價 230 元
21.	鐵人Ｑ	（精）	江戶川亂步著	特價 230 元
22.	假面恐怖王	（精）	江戶川亂步著	特價 230 元
23.	電人Ｍ	（精）	江戶川亂步著	特價 230 元
24.	二十面相的詛咒	（精）	江戶川亂步著	特價 230 元
25.	飛天二十面相	（精）	江戶川亂步著	特價 230 元
26.	黃金怪獸	（精）	江戶川亂步著	特價 230 元

・生活廣場・品冠編號 61

1.	366 天誕生星	李芳黛譯	280 元
2.	366 天誕生花與誕生石	李芳黛譯	280 元
3.	科學命相	淺野八郎著	220 元

4. 已知的他界科學　陳蒼杰譯　220元
5. 開拓未來的他界科學　陳蒼杰譯　220元
6. 世紀末變態心理犯罪檔案　沈永嘉譯　240元
7. 366天開運年鑑　林廷宇編著　230元
8. 色彩學與你　野村順一著　230元
9. 科學手相　淺野八郎著　230元
10. 你也能成為戀愛高手　柯富陽編著　220元
11. 血型與十二星座　許淑瑛編著　230元
12. 動物測驗—人性現形　淺野八郎著　200元
13. 愛情、幸福完全自測　淺野八郎著　200元
14. 輕鬆攻佔女性　趙奕世編著　230元
15. 解讀命運密碼　郭宗德著　200元
16. 由客家了解亞洲　高木桂藏著　220元

・女醫師系列・品冠編號 62

1. 子宮內膜症　國府田清子著　200元
2. 子宮肌瘤　黑島淳子著　200元
3. 上班女性的壓力症候群　池下育子著　200元
4. 漏尿、尿失禁　中田真木著　200元
5. 高齡生產　大鷹美子著　200元
6. 子宮癌　上坊敏子著　200元
7. 避孕　早乙女智子著　200元
8. 不孕症　中村春根著　200元
9. 生理痛與生理不順　堀口雅子著　200元
10. 更年期　野末悅子著　200元

・傳統民俗療法・品冠編號 63

1. 神奇刀療法　潘文雄著　200元
2. 神奇拍打療法　安在峰著　200元
3. 神奇拔罐療法　安在峰著　200元
4. 神奇艾灸療法　安在峰著　200元
5. 神奇貼敷療法　安在峰著　200元
6. 神奇薰洗療法　安在峰著　200元
7. 神奇耳穴療法　安在峰著　200元
8. 神奇指針療法　安在峰著　200元
9. 神奇藥酒療法　安在峰著　200元
10. 神奇藥茶療法　安在峰著　200元
11. 神奇推拿療法　張貴荷著　200元
12. 神奇止痛療法　漆 浩 著　200元

・常見病藥膳調養叢書・品冠編號 631

1. 脂肪肝四季飲食　蕭守貴著　200元
2. 高血壓四季飲食　秦玖剛著　200元
3. 慢性腎炎四季飲食　魏從強著　200元
4. 高脂血症四季飲食　薛輝著　200元
5. 慢性胃炎四季飲食　馬秉祥著　200元
6. 糖尿病四季飲食　王耀獻著　200元
7. 癌症四季飲食　李忠著　200元

・彩色圖解保健・品冠編號 64

1. 瘦身　主婦之友社　300元
2. 腰痛　主婦之友社　300元
3. 肩膀痠痛　主婦之友社　300元
4. 腰、膝、腳的疼痛　主婦之友社　300元
5. 壓力、精神疲勞　主婦之友社　300元
6. 眼睛疲勞、視力減退　主婦之友社　300元

・心 想 事 成・品冠編號 65

1. 魔法愛情點心　結城莫拉著　120元
2. 可愛手工飾品　結城莫拉著　120元
3. 可愛打扮 & 髮型　結城莫拉著　120元
4. 撲克牌算命　結城莫拉著　120元

・熱 門 新 知・品冠編號 67

1. 圖解基因與DNA　（精）　中原英臣 主編　230元
2. 圖解人體的神奇　（精）　米山公啟 主編　230元
3. 圖解腦與心的構造　（精）　永田和哉 主編　230元
4. 圖解科學的神奇　（精）　鳥海光弘 主編　230元
5. 圖解數學的神奇　（精）　柳 谷 晃 著　250元
6. 圖解基因操作　（精）　海老原充 主編　230元
7. 圖解後基因組　（精）　才園哲人 著　230元

・法律專欄連載・大展編號 58

台大法學院　法律學系／策劃
法律服務社／編著

1. 別讓您的權利睡著了(1)　200元
2. 別讓您的權利睡著了(2)　200元

・武 術 特 輯・大展編號 10

1. 陳式太極拳入門　馮志強編著　180元

2.	武式太極拳	郝少如編著	200 元
3.	練功十八法入門	蕭京凌編著	120 元
4.	教門長拳	蕭京凌編著	150 元
5.	跆拳道	蕭京凌編譯	180 元
6.	正傳合氣道	程曉鈴譯	200 元
~~7.~~	~~圖解雙節棍~~	~~陳銘遠著~~	~~150 元~~
8.	格鬥空手道	鄭旭旭編著	200 元
9.	實用跆拳道	陳國榮編著	200 元
10.	武術初學指南	李文英、解守德編著	250 元
11.	泰國拳	陳國榮著	180 元
12.	中國式摔跤	黃 斌編著	180 元
13.	太極劍入門	李德印編著	180 元
14.	太極拳運動	運動司編	250 元
15.	太極拳譜	清・王宗岳等著	280 元
16.	散手初學	冷 峰編著	200 元
17.	南拳	朱瑞琪編著	180 元
18.	吳式太極劍	王培生著	200 元
19.	太極拳健身與技擊	王培生著	250 元
20.	秘傳武當八卦掌	狄兆龍著	250 元
21.	太極拳論譚	沈 壽著	250 元
22.	陳式太極拳技擊法	馬 虹著	250 元
23.	二十四式/三十二式太極拳/劍	闞桂香著	180 元
24.	楊式秘傳 129 式太極長拳	張楚全著	280 元
25.	楊式太極拳架詳解	林炳堯著	280 元
26.	華佗五禽劍	劉時榮著	180 元
27.	太極拳基礎講座：基本功與簡化 24 式	李德印著	250 元
28.	武式太極拳精華	薛乃印著	200 元
29.	陳式太極拳拳理闡微	馬 虹著	350 元
30.	陳式太極拳體用全書	馬 虹著	400 元
31.	張三豐太極拳	陳占奎著	200 元
32.	中國太極推手	張 山主編	300 元
33.	48 式太極拳入門	門惠豐編著	220 元
34.	太極拳奇人奇功	嚴翰秀編著	250 元
35.	心意門秘籍	李新民編著	220 元
36.	三才門乾坤戊己功	王培生編著	220 元
37.	武式太極劍精華 +VCD	薛乃印編著	350 元
38.	楊式太極拳	傅鐘文演述	200 元
39.	陳式太極拳、劍 36 式	闞桂香編著	250 元
40.	正宗武式太極拳	薛乃印著	220 元
41.	杜元化＜太極拳正宗＞考析	王海洲等著	300 元
42.	＜珍貴版＞陳式太極拳	沈家楨著	280 元
43.	24 式太極拳＋VCD	中國國家體育總局著	350 元
44.	太極推手絕技	安在峰編著	250 元
45.	孫祿堂武學錄	孫祿堂著	300 元

46. <珍貴本>陳式太極拳精選	馮志強著	280 元
47. 武當趙保太極拳小架	鄭悟清傳授	250 元
48. 太極拳習練知識問答	邱丕相主編	220 元
49. 八法拳 八法槍	武世俊著	220 元
50. 地趟拳＋VCD	張憲政著	350 元
51. 四十八式太極拳＋VCD	楊 靜演示	400 元
52. 三十二式太極劍＋VCD	楊 靜演示	350 元
53. 隨曲就伸 中國太極拳名家對話錄	余功保著	300 元
54. 陳式太極拳五動八法十三勢	鬫桂香著	200 元

・彩色圖解太極武術・大展編號 102

1. 太極功夫扇	李德印編著	220 元
2. 武當太極劍	李德印編著	220 元
3. 楊式太極劍	李德印編著	220 元
4. 楊式太極刀	王志遠著	220 元
5. 二十四式太極拳(楊式)＋VCD	李德印編著	350 元
6. 三十二式太極劍(楊式)＋VCD	李德印編著	350 元
7. 四十二式太極劍＋VCD	李德印編著	
8. 四十二式太極拳＋VCD	李德印編著	

・國際武術競賽套路・大展編號 103

1. 長拳	李巧玲執筆	220 元
2. 劍術	程慧琨執筆	220 元
3. 刀術	劉同為執筆	220 元
4. 槍術	張躍寧執筆	220 元
5. 棍術	殷玉柱執筆	220 元

・簡化太極拳・大展編號 104

1. 陳式太極拳十三式	陳正雷編著	200 元
2. 楊式太極拳十三式	楊振鐸編著	200 元
3. 吳式太極拳十三式	李秉慈編著	200 元
4. 武式太極拳十三式	喬松茂編著	200 元
5. 孫式太極拳十三式	孫劍雲編著	200 元
6. 趙堡式太極拳十三式	王海洲編著	200 元

・中國當代太極拳名家名著・大展編號 106

1. 太極拳規範教程	李德印著	550 元
2. 吳式太極拳詮真	王培生著	500 元
3. 武式太極拳詮真	喬松茂著	

・名師出高徒・大展編號 111

1.	武術基本功與基本動作	劉玉萍編著	200 元
2.	長拳入門與精進	吳彬等著	220 元
3.	劍術刀術入門與精進	楊柏龍等著	220 元
4.	棍術、槍術入門與精進	邱丕相編著	220 元
5.	南拳入門與精進	朱瑞琪編著	220 元
6.	散手入門與精進	張山等著	220 元
7.	太極拳入門與精進	李德印編著	280 元
8.	太極推手入門與精進	田金龍編著	220 元

・實用武術技擊・大展編號 112

1.	實用自衛拳法	溫佐惠著	250 元
2.	搏擊術精選	陳清山等著	220 元
3.	秘傳防身絕技	程崑彬著	230 元
4.	振藩截拳道入門	陳琦平著	220 元
5.	實用擒拿法	韓建中著	220 元
6.	擒拿反擒拿 88 法	韓建中著	250 元
7.	武當秘門技擊術入門篇	高翔著	250 元
8.	武當秘門技擊術絕技篇	高翔著	250 元

・中國武術規定套路・大展編號 113

1.	螳螂拳	中國武術系列	300 元
2.	劈掛拳	規定套路編寫組	300 元
3.	八極拳	國家體育總局	250 元

・中華傳統武術・大展編號 114

1.	中華古今兵械圖考	裴錫榮主編	280 元
2.	武當劍	陳湘陵編著	200 元
3.	梁派八卦掌（老八掌）	李子鳴遺著	220 元
4.	少林 72 藝與武當 36 功	裴錫榮主編	230 元
5.	三十六把擒拿	佐藤金兵衛主編	200 元
6.	武當太極拳與盤手 20 法	裴錫榮主編	220 元

・少 林 功 夫・大展編號 115

1.	少林打擂秘訣	德虔、素法編著	300 元
2.	少林三大名拳 炮拳、大洪拳、六合拳	門惠豐等著	200 元
3.	少林三絕 氣功、點穴、擒拿	德虔編著	300 元
4.	少林怪兵器秘傳	素法等著	250 元
5.	少林護身暗器秘傳	素法等著	220 元

6. 少林金剛硬氣功　楊維編著　250 元
7. 少林棍法大全　德虔、素法編著　250 元
8. 少林看家拳　德虔、素法編著　250 元
9. 少林正宗七十二藝　德虔、素法編著　280 元
10. 少林瘋魔棍闡宗　馬德著　250 元

・原地太極拳系列・大展編號 11

1. 原地綜合太極拳 24 式　胡啟賢創編　220 元
2. 原地活步太極拳 42 式　胡啟賢創編　200 元
3. 原地簡化太極拳 24 式　胡啟賢創編　200 元
4. 原地太極拳 12 式　胡啟賢創編　200 元
5. 原地青少年太極拳 22 式　胡啟賢創編　220 元

・道學文化・大展編號 12

1. 道在養生：道教長壽術　郝勤等著　250 元
2. 龍虎丹道：道教內丹術　郝勤著　300 元
3. 天上人間：道教神仙譜系　黃德海著　250 元
4. 步罡踏斗：道教祭禮儀典　張澤洪著　250 元
5. 道醫窺秘：道教醫學康復術　王慶餘等著　250 元
6. 勸善成仙：道教生命倫理　李剛著　250 元
7. 洞天福地：道教宮觀勝境　沙銘壽著　250 元
8. 青詞碧簫：道教文學藝術　楊光文等著　250 元
9. 沈博絕麗：道教格言精粹　朱耕發等著　250 元

・易學智慧・大展編號 122

1. 易學與管理　余敦康主編　250 元
2. 易學與養生　劉長林等著　300 元
3. 易學與美學　劉綱紀等著　300 元
4. 易學與科技　董光壁著　280 元
5. 易學與建築　韓增祿著　280 元
6. 易學源流　鄭萬耕著　280 元
7. 易學的思維　傅雲龍等著　250 元
8. 周易與易圖　李申著　250 元
9. 中國佛教與周易　王仲堯著　350 元
10. 易學與儒學　任俊華著　350 元
11. 易學與道教符號揭秘　詹石窗著　350 元

・神算大師・大展編號 123

1. 劉伯溫神算兵法　應涵編著　280 元
2. 姜太公神算兵法　應涵編著　280 元

3.	鬼谷子神算兵法	應涵編著	280元
4.	諸葛亮神算兵法	應涵編著	280元

・秘傳占卜系列・大展編號 14

1.	手相術	淺野八郎著	180元
2.	人相術	淺野八郎著	180元
3.	西洋占星術	淺野八郎著	180元
4.	中國神奇占卜	淺野八郎著	150元
5.	夢判斷	淺野八郎著	150元
6.	前世、來世占卜	淺野八郎著	150元
7.	法國式血型學	淺野八郎著	150元
8.	靈感、符咒學	淺野八郎著	150元
9.	紙牌占卜術	淺野八郎著	150元
10.	ESP 超能力占卜	淺野八郎著	150元
11.	猶太數的秘術	淺野八郎著	150元
12.	新心理測驗	淺野八郎著	160元
13.	塔羅牌預言秘法	淺野八郎著	200元

・趣味心理講座・大展編號 15

1.	性格測驗（1） 探索男與女	淺野八郎著	140元
2.	性格測驗（2） 透視人心奧秘	淺野八郎著	140元
3.	性格測驗（3） 發現陌生的自己	淺野八郎著	140元
4.	性格測驗（4） 發現你的真面目	淺野八郎著	140元
5.	性格測驗（5） 讓你們吃驚	淺野八郎著	140元
6.	性格測驗（6） 洞穿心理盲點	淺野八郎著	140元
7.	性格測驗（7） 探索對方心理	淺野八郎著	140元
8.	性格測驗（8） 由吃認識自己	淺野八郎著	160元
9.	性格測驗（9） 戀愛知多少	淺野八郎著	160元
10.	性格測驗（10）由裝扮瞭解人心	淺野八郎著	160元
11.	性格測驗（11）敲開內心玄機	淺野八郎著	140元
12.	性格測驗（12）透視你的未來	淺野八郎著	160元
13.	血型與你的一生	淺野八郎著	160元
14.	趣味推理遊戲	淺野八郎著	160元
15.	行為語言解析	淺野八郎著	160元

・婦 幼 天 地・大展編號 16

1.	八萬人減肥成果	黃靜香譯	180元
2.	三分鐘減肥體操	楊鴻儒譯	150元
3.	窈窕淑女美髮秘訣	柯素娥譯	130元
4.	使妳更迷人	成　玉譯	130元
5.	女性的更年期	官舒妍編譯	160元

6.	胎內育兒法	李玉瓊編譯	150 元
7.	早產兒袋鼠式護理	唐岱蘭譯	200 元
9.	初次育兒 12 個月	婦幼天地編譯組	180 元
10.	斷乳食與幼兒食	婦幼天地編譯組	180 元
11.	培養幼兒能力與性向	婦幼天地編譯組	180 元
12.	培養幼兒創造力的玩具與遊戲	婦幼天地編譯組	180 元
13.	幼兒的症狀與疾病	婦幼天地編譯組	180 元
14.	腿部苗條健美法	婦幼天地編譯組	180 元
15.	女性腰痛別忽視	婦幼天地編譯組	150 元
16.	舒展身心體操術	李玉瓊編譯	130 元
17.	三分鐘臉部體操	趙薇妮著	160 元
18.	生動的笑容表情術	趙薇妮著	160 元
19.	心曠神怡減肥法	川津祐介著	130 元
20.	內衣使妳更美麗	陳玄茹譯	130 元
21.	瑜伽美姿美容	黃靜香編著	180 元
22.	高雅女性裝扮學	陳珮玲譯	180 元
23.	蠶糞肌膚美顏法	梨秀子著	160 元
24.	認識妳的身體	李玉瓊譯	160 元
25.	產後恢復苗條體態	居理安・芙萊喬著	200 元
26.	正確護髮美容法	山崎伊久江著	180 元
27.	安琪拉美姿養生學	安琪拉蘭斯博瑞著	180 元
28.	女體性醫學剖析	增田豐著	220 元
29.	懷孕與生產剖析	岡部綾子著	180 元
30.	斷奶後的健康育兒	東城百合子著	220 元
31.	引出孩子幹勁的責罵藝術	多湖輝著	170 元
32.	培養孩子獨立的藝術	多湖輝著	170 元
33.	子宮肌瘤與卵巢囊腫	陳秀琳編著	180 元
34.	下半身減肥法	納他夏・史達賓著	180 元
35.	女性自然美容法	吳雅菁編著	180 元
36.	再也不發胖	池園悅太郎著	170 元
37.	生男生女控制術	中垣勝裕著	220 元
38.	使妳的肌膚更亮麗	楊　皓編著	170 元
39.	臉部輪廓變美	芝崎義夫著	180 元
40.	斑點、皺紋自己治療	高須克彌著	180 元
41.	面皰自己治療	伊藤雄康著	180 元
42.	隨心所欲瘦身冥想法	原久子著	180 元
43.	胎兒革命	鈴木丈織著	180 元
44.	NS 磁氣平衡法塑造窈窕奇蹟	古屋和江著	180 元
45.	享瘦從腳開始	山田陽子著	180 元
46.	小改變瘦 4 公斤	宮本裕子著	180 元
47.	軟管減肥瘦身	高橋輝男著	180 元
48.	海藻精神秘美容法	劉名揚編著	180 元
49.	肌膚保養與脫毛	鈴木真理著	180 元
50.	10 天減肥 3 公斤	彤雲編輯組	180 元

51. 穿出自己的品味	西村玲子著	280 元
52. 小孩髮型設計	李芳黛譯	250 元

・青　春　天　地・大展編號 17

1. A 血型與星座	柯素娥編譯	160 元
2. B 血型與星座	柯素娥編譯	160 元
3. O 血型與星座	柯素娥編譯	160 元
4. AB 血型與星座	柯素娥編譯	120 元
5. 青春期性教室	呂貴嵐編譯	130 元
9. 小論文寫作秘訣	林顯茂編譯	120 元
11. 中學生野外遊戲	熊谷康編著	120 元
12. 恐怖極短篇	柯素娥編譯	130 元
13. 恐怖夜話	小毛驢編譯	130 元
14. 恐怖幽默短篇	小毛驢編譯	120 元
15. 黑色幽默短篇	小毛驢編譯	120 元
16. 靈異怪談	小毛驢編譯	130 元
17. 錯覺遊戲	小毛驢編著	130 元
18. 整人遊戲	小毛驢編著	150 元
19. 有趣的超常識	柯素娥編譯	130 元
20. 哦！原來如此	林慶旺編譯	130 元
21. 趣味競賽 100 種	劉名揚編譯	120 元
22. 數學謎題入門	宋釗宜編譯	150 元
23. 數學謎題解析	宋釗宜編譯	150 元
24. 透視男女心理	林慶旺編譯	120 元
25. 少女情懷的自白	李桂蘭編譯	120 元
26. 由兄弟姊妹看命運	李玉瓊編譯	130 元
27. 趣味的科學魔術	林慶旺編譯	150 元
28. 趣味的心理實驗室	李燕玲編譯	150 元
29. 愛與性心理測驗	小毛驢編譯	130 元
30. 刑案推理解謎	小毛驢編譯	180 元
31. 偵探常識推理	小毛驢編譯	180 元
32. 偵探常識解謎	小毛驢編譯	130 元
33. 偵探推理遊戲	小毛驢編譯	180 元
34. 趣味的超魔術	廖玉山編著	150 元
35. 趣味的珍奇發明	柯素娥編著	150 元
36. 登山用具與技巧	陳瑞菊編著	150 元
37. 性的漫談	蘇燕謀編著	180 元
38. 無的漫談	蘇燕謀編著	180 元
39. 黑色漫談	蘇燕謀編著	180 元
40. 白色漫談	蘇燕謀編著	180 元

・健　康　天　地・大展編號 18

1.	壓力的預防與治療	柯素娥編譯	130元
2.	超科學氣的魔力	柯素娥編譯	130元
3.	尿療法治病的神奇	中尾良一著	130元
4.	鐵證如山的尿療法奇蹟	廖玉山譯	120元
5.	一日斷食健康法	葉慈容編譯	150元
6.	胃部強健法	陳炳崑譯	120元
7.	癌症早期檢查法	廖松濤譯	160元
8.	老人痴呆症防止法	柯素娥編譯	170元
9.	松葉汁健康飲料	陳麗芬編譯	150元
10.	揉肚臍健康法	永井秋夫著	150元
11.	過勞死、猝死的預防	卓秀貞編譯	130元
12.	高血壓治療與飲食	藤山順豐著	180元
13.	老人看護指南	柯素娥編譯	150元
14.	美容外科淺談	楊啟宏著	150元
15.	美容外科新境界	楊啟宏著	150元
16.	鹽是天然的醫生	西英司郎著	140元
17.	年輕十歲不是夢	梁瑞麟譯	200元
18.	茶料理治百病	桑野和民著	180元
20.	杜仲茶養顏減肥法	西田博著	170元
21.	蜂膠驚人療效	瀨長良三郎著	180元
22.	蜂膠治百病	瀨長良三郎著	180元
23.	醫藥與生活	鄭炳全著	180元
24.	鈣長生寶典	落合敏著	180元
25.	大蒜長生寶典	木下繁太郎著	160元
26.	居家自我健康檢查	石川恭三著	160元
27.	永恆的健康人生	李秀鈴譯	200元
28.	大豆卵磷脂長生寶典	劉雪卿譯	150元
29.	芳香療法	梁艾琳譯	160元
30.	醋長生寶典	柯素娥譯	180元
31.	從星座透視健康	席拉・吉蒂斯著	180元
32.	愉悅自在保健學	野本二士夫著	160元
33.	裸睡健康法	丸山淳士等著	160元
35.	維他命長生寶典	菅原明子著	180元
36.	維他命C新效果	鐘文訓編	150元
37.	手、腳病理按摩	堤芳朗著	160元
38.	AIDS瞭解與預防	彼得塔歇爾著	180元
39.	甲殼質殼聚糖健康法	沈永嘉譯	160元
40.	神經痛預防與治療	木下真男著	160元
41.	室內身體鍛鍊法	陳炳崑編著	160元
42.	吃出健康藥膳	劉大器編著	180元
43.	自我指壓術	蘇燕謀編著	160元
44.	紅蘿蔔汁斷食療法	李玉瓊編著	150元
45.	洗心術健康秘法	竺翠萍編譯	170元
46.	枇杷葉健康療法	柯素娥編譯	180元

47. 抗衰血癒	楊啟宏著	180 元
48. 與癌搏鬥記	逸見政孝著	180 元
49. 冬蟲夏草長生寶典	高橋義博著	170 元
50. 痔瘡・大腸疾病先端療法	宮島伸宜著	180 元
51. 膠布治癒頑固慢性病	加瀨建造著	180 元
52. 芝麻神奇健康法	小林貞作著	170 元
53. 香煙能防止癡呆？	高田明和著	180 元
54. 穀菜食治癌療法	佐藤成志著	180 元
55. 貼藥健康法	松原英多著	180 元
56. 克服癌症調和道呼吸法	帶津良一著	180 元
57. B 型肝炎預防與治療	野村喜重郎著	180 元
58. 青春永駐養生導引術	早島正雄著	180 元
59. 改變呼吸法創造健康	原久子著	180 元
60. 荷爾蒙平衡養生秘訣	出村博著	180 元
61. 水美肌健康法	井戶勝富著	170 元
62. 認識食物掌握健康	廖梅珠編著	170 元
63. 痛風劇痛消除法	鈴木吉彥著	180 元
64. 酸莖菌驚人療效	上田明彥著	180 元
65. 大豆卵磷脂治現代病	神津健一著	200 元
66. 時辰療法—危險時刻凌晨 4 時	呂建強等著	180 元
67. 自然治癒力提升法	帶津良一著	180 元
68. 巧妙的氣保健法	藤平墨子著	180 元
69. 治癒 C 型肝炎	熊田博光著	180 元
70. 肝臟病預防與治療	劉名揚編著	180 元
71. 腰痛平衡療法	荒井政信著	180 元
72. 根治多汗症、狐臭	稻葉益巳著	220 元
73. 40 歲以後的骨質疏鬆症	沈永嘉譯	180 元
74. 認識中藥	松下一成著	180 元
75. 認識氣的科學	佐佐木茂美著	180 元
76. 我戰勝了癌症	安田伸著	180 元
77. 斑點是身心的危險信號	中野進著	180 元
78. 艾波拉病毒大震撼	玉川重德著	180 元
79. 重新還我黑髮	桑名隆一郎著	180 元
80. 身體節律與健康	林博史著	180 元
81. 生薑治萬病	石原結實著	180 元
83. 木炭驚人的威力	大槻彰著	200 元
84. 認識活性氧	井土貴司著	180 元
85. 深海鮫治百病	廖玉山編著	180 元
86. 神奇的蜂王乳	井上丹治著	180 元
87. 卡拉 OK 健腦法	東潔著	180 元
88. 卡拉 OK 健康法	福田伴男著	180 元
89. 醫藥與生活	鄭炳全著	200 元
90. 洋蔥治百病	宮尾興平著	180 元
91. 年輕 10 歲快步健康法	石塚忠雄著	180 元

92. 石榴的驚人神效	岡本順子著	180 元
93. 飲料健康法	白鳥早奈英著	180 元
94. 健康棒體操	劉名揚編譯	180 元
95. 催眠健康法	蕭京凌編著	180 元
96. 鬱金（美王）治百病	水野修一著	180 元
97. 醫藥與生活	鄭炳全著	200 元

・實用女性學講座・大展編號 19

1. 解讀女性內心世界	島田一男著	150 元
2. 塑造成熟的女性	島田一男著	150 元
3. 女性整體裝扮學	黃靜香編著	180 元
4. 女性應對禮儀	黃靜香編著	180 元
5. 女性婚前必修	小野十傳著	200 元
6. 徹底瞭解女人	田口二州著	180 元
7. 拆穿女性謊言 88 招	島田一男著	200 元
8. 解讀女人心	島田一男著	200 元
9. 俘獲女性絕招	志賀貢著	200 元
10. 愛情的壓力解套	中村理英子著	200 元
11. 妳是人見人愛的女孩	廖松濤編著	200 元

・校 園 系 列・大展編號 20

1. 讀書集中術	多湖輝著	180 元
2. 應考的訣竅	多湖輝著	150 元
3. 輕鬆讀書贏得聯考	多湖輝著	180 元
4. 讀書記憶秘訣	多湖輝著	180 元
5. 視力恢復！超速讀術	江錦雲譯	180 元
6. 讀書 36 計	黃柏松編著	180 元
7. 驚人的速讀術	鐘文訓編著	170 元
8. 學生課業輔導良方	多湖輝著	180 元
9. 超速讀超記憶法	廖松濤編著	180 元
10. 速算解題技巧	宋釗宜編著	200 元
11. 看圖學英文	陳炳崑編著	200 元
12. 讓孩子最喜歡數學	沈永嘉譯	180 元
13. 催眠記憶術	林碧清譯	180 元
14. 催眠速讀術	林碧清譯	180 元
15. 數學式思考學習法	劉淑錦譯	200 元
16. 考試憑要領	劉孝暉著	180 元
17. 事半功倍讀書法	王毅希著	200 元
18. 超金榜題名術	陳蒼杰譯	200 元
19. 靈活記憶術	林耀慶編著	180 元
20. 數學增強要領	江修楨編著	180 元
21. 使頭腦靈活的數學	逢澤明著	200 元

22. 難解數學破題　宋釗宜著　200 元

・實用心理學講座・大展編號 21

1. 拆穿欺騙伎倆　多湖輝著　140 元
2. 創造好構想　多湖輝著　140 元
3. 面對面心理術　多湖輝著　160 元
4. 偽裝心理術　多湖輝著　140 元
5. 透視人性弱點　多湖輝著　180 元
6. 自我表現術　多湖輝著　180 元
7. 不可思議的人性心理　多湖輝著　180 元
8. 催眠術入門　多湖輝著　150 元
9. 責罵部屬的藝術　多湖輝著　150 元
10. 精神力　多湖輝著　150 元
11. 厚黑說服術　多湖輝著　150 元
12. 集中力　多湖輝著　150 元
13. 構想力　多湖輝著　150 元
14. 深層心理術　多湖輝著　160 元
15. 深層語言術　多湖輝著　160 元
16. 深層說服術　多湖輝著　180 元
17. 掌握潛在心理　多湖輝著　160 元
18. 洞悉心理陷阱　多湖輝著　180 元
19. 解讀金錢心理　多湖輝著　180 元
20. 拆穿語言圈套　多湖輝著　180 元
21. 語言的內心玄機　多湖輝著　180 元
22. 積極力　多湖輝著　180 元

・超現實心靈講座・大展編號 22

1. 超意識覺醒法　詹蔚芬編譯　130 元
2. 護摩秘法與人生　劉名揚編譯　130 元
3. 秘法！超級仙術入門　陸明譯　150 元
4. 給地球人的訊息　柯素娥編著　150 元
5. 密教的神通力　劉名揚編著　130 元
6. 神秘奇妙的世界　平川陽一著　200 元
7. 地球文明的超革命　吳秋嬌譯　200 元
8. 力量石的秘密　吳秋嬌譯　180 元
9. 超能力的靈異世界　馬小莉譯　200 元
10. 逃離地球毀滅的命運　吳秋嬌譯　200 元
11. 宇宙與地球終結之謎　南山宏著　200 元
12. 驚世奇功揭秘　傅起鳳著　200 元
13. 啟發身心潛力心象訓練法　栗田昌裕著　180 元
14. 仙道術遁甲法　高藤聰一郎著　220 元
15. 神通力的秘密　中岡俊哉著　180 元